Anonymous

Kurzgefasste Geschichte Deutschlands auf geographischer

Grundlage

Nebst einem kurzen Abriss der besonderen Geschichte Bayerns

Anonymous

Kurzgefasste Geschichte Deutschlands auf geographischer Grundlage
Nebst einem kurzen Abriss der besonderen Geschichte Bayerns

ISBN/EAN: 9783743683204

Hergestellt in Europa, USA, Kanada, Australien, Japan

Cover: Foto ©ninafisch / pixelio.de

Weitere Bücher finden Sie auf **www.hansebooks.com**

Kurzgefaßte Geschichte

Deutschlands

auf

geographischer Grundlage,

nebst

einem kurzen Abriss

der

besonderen Geschichte Bayerns.

Zum Schulgebrauche.

~~~~~~

Würzburg.

Druck und Verlag der Stahel'schen Buch- und Kunsthandlung.

1864.

Vorrede.

～～～～

Seit mehreren Jahren mit dem Unterrichte der Geschichte an der Lateinschule betraut, sah der Verfasser die Nothwendigkeit einer kurzen, klaren, übersichtlichen, leichtfaßlichen und dabei möglichst vollständigen Darstellung der Hauptfakta der Geschichte Deutschlands auf genauer geographischer Grundlage, besonders bei einer großen Schüleranzahl, immer mehr ein. Deßwegen verband er bei der Ausarbeitung des vorliegenden Versuchs, in welchem er das eben angedeutete Ziel zu erreichen bemüht war, hie und da die tabellarische mit der erzählenden Methode, stellte das dem Ideengang nach Gleichartige oder Aehnliche zusammen, bediente sich einer einfachen Ausdrucksweise, da das Werkchen für Schüler im Alter von 13—15 Jahren bestimmt ist, strebte nach genauer chronologischer und topographischer Angabe der wichtigsten Ereignisse, und suchte das Interesse des Schülers noch besonders dadurch zu wecken, daß er einige, sonst übergangene, wichtige Thatsachen der Geschichte anführte, welche sich auf dem engeren Gebiete des jetzigen Königreichs Bayern zugetragen haben; die Culturgeschichte wurde im Allgemeinen so weit berücksichtigt, als sie zum Verständniß des Ganzen unumgänglich nothwendig ist; das Uebrige bleibt ohnehin dem mündlichen Vortrag des Lehrers überlassen. Bei der Abfassung des Werkchens hat man die sichern Resultate sowohl älterer, als neuerer geographischer, historischer und statistischer Forschungen gewissenhaft berücksichtigt.

Da für die vierte Klasse einer Lateinschule im Königreich Bayern auch eine kurze Uebersicht der speziell bayerischen Geschichte durch die revidirte Studienordnung vorgeschrieben ist, so fügte man eine gedrängte Darstellung der Geschichte des Königreichs Bayern hinzu mit einem Ueberblick der Geschichte der einzelnen Landestheile, wobei es dem freien Ermessen des Lehrers anheimgegeben ist, eine Auswahl des Lehrstoffes aus der letzteren für seine Schüler zu treffen.

Schließlich empfiehlt man das Werkchen dem nachsichtigen Urtheile der verehrlichen Herren Amtsgenossen und wohlwollender Schulmänner.

Der Verfasser.

Inhalt.

A.

Geschichte Deutschlands.

Erster Abschnitt.

Deutschland von der frühesten Zeit bis zur Gründung des Frankenreiches.

Zweiter Abschnitt.

Von der Gründung des Frankenreiches bis zur großen Theilung desselben durch den Vertrag von Verdun.

Dritter Abschnitt.

Deutschland vom Vertrag von Verdun bis zum Regierungs= antritte Rudolfs I. von Habsburg.

Vierter Abschnitt.

Vom Regierungsantritte Rudolfs I. von Habsburg bis zur großen Glaubensspaltung im sechzehnten Jahrhundert.

Fünfter Abschnitt.

Vom Beginn der abendländischen Glaubensspaltung bis zum westphälischen Frieden.

Sechster Abschnitt.

Von dem westphälischen Frieden bis zur Auflösung des deutschen Reiches.

Siebenter Abschnitt.

Von der Auflösung des deutschen Reiches bis auf die Gegenwart.

B.

Abriß der Geschichte Bayerns.

Erster Abschnitt.

Das eigentliche Bayern seit der ältesten Zeit bis zur Herrschaft der Karolinger.

Zweiter Abschnitt.

Das alte Bayern seit der Regierung der Karolinger bis zum Sturze der Welfen.

Dritter Abschnitt.

Kurzer Ueberblick der ältesten Geschichte der übrigen Bestandtheile des heutigen Königreichs Bayern bis zum Untergang des staufischen Hauses.

Vierter Abschnitt.

Bayern unter den Wittelsbachern bis zum Jahre 1806.

Fünfter Abschnitt.

Kurzer Rückblick auf die übrigen Bestandtheile des heutigen Königreichs Bayern.

Sechster Abschnitt.

Die bayerischen Könige.

A.

Geschichte Deutschlands.

~~~~~~

Erster Abschnitt.

Deutschland von der frühesten Zeit bis zur Gründung des Frankenreichs.

.

I.

Das Land und seine Bewohner [1]).

Grenzen. Das alte Deutschland (Germania) war nach den Berichten der Römer ein unermeßliches Gebiet, welches in seiner weitern Bedeutung alle Völker von Deutschland, Dänemark, Schweden und Norwegen umfaßte. Unter Deutschland im engeren Sinne (Germania magna, barbara oder transrhenana) verstanden sie das Land, das nördlich an die Nord- und Ostsee (Mare Germanicum et Suevicum), östlich an die Weichsel (Vistula) und an das sarmatische Gebirge (die mittleren Karpathen), im Süden an die Donau (Danubius, Ister), und im Westen an den Rhein (Rhenus) grenzte. Das Land auf dem linken Rheinufer (Germania cisrhenana) gehörte zur römischen Provinz Gallia Belgica und zerfiel in Ober- und Niederdeutschland (Germania superior und interior).

---

[1] Neben Cäsar und Plinius beschreibt insbesondere der römische Geschichtschreiber Tacitus das alte Deutschland.

Klima. Gebirge. Das Klima des alten Deutschland war wegen der großen Wälder, Sümpfe und Moräste rauh und unfreundlich; von den Quellen des Rheins dehnte sich über 60 Tagreisen gegen Nordosten der große hercynische Wald aus, als dessen Theile der Schwarzwald (Abnoba mons und Silva Marciana[1]), die rauhe Alp (Alba), der Böhmerwald mit dem Fichtelgebirge (Gabreta), das Riesengebirge (Asciburgius mons), die kleinen Karpathen zwischen Oesterreich und Mähren (Luna mons), der Thüringerwald (Semana mons) und dessen westliche Fortsetzung der Buchwald im ehemaligen Fulder Gebiet (Buchonia oder Bacensis silva), der Teutoburger Wald im Paderborn'schen bis nach Oldenburg (Saltus Teutoburgiensis), der Melibocus (der heutige Harz) und der Taunus zwischen Frankfurt und Wiesbaden anzusehen sind. In diesen Wäldern hausten Auerochsen (Ure), Elenn= und Rennthiere, Wölfe und Bären.

Flüsse. Die wichtigeren Flüsse des alten Germaniens sind:
1) die Donau, welche das alte Deutschland von den römischen Provinzen Vindelicien[2]), Noricum[3]) und Pannonien[4]) schied.

Von ihren Nebenflüssen links sind erwähnenswerth: die Altmühl (Almona, Alcimona), die Naab (Nabus) und die March (Marus, Marava).

---

[1]) Abnoba mons begriff in sich das sich nach Norden fortsetzende Gebirge, wie den Spessart, den Vogelsberg im Hessischen u. s. w. Die Silva Marciana war der südliche oder eigentliche Schwarzwald.

[2]) Vindelicien, westlich vom Bodensee (Lacus Brigantinus) und dem Lech (Licus), nördlich von der Donau, östlich vom Inn (Oenus), südlich von Helvetien (Schweiz) und Rhätien begrenzt, umfaßte das heutige südöstliche Würtemberg und Südbayern.

[3]) Noricum begriff Steiermark, Kärnthen und Theile von Oesterreich und Krain, und gränzte nördlich an die Donau, westlich an den Inn, südlich an die Mur, die Save (Savus), die Drave (Dravus) und östlich an den Kahlenberg (Mons Cetius bei Vindobona, Wien). — Rhätien lag südlich von Vindelicien, rechts von Helvetien und links von Noricum um die Flüsse Inn und Etsch (Athesis), und schloß Tyrol, Graubünden und einen Theil des nordöstlichen Italiens in sich.

[4]) Pannonien, westlich von Noricum, nördlich von der Donau begrenzt, zerfiel in das obere Pannonien (Pannonia superior) bis zur Raab (Arrabo) im Osten, und in das untere (Pannonia inferior), wozu z. B. Bosnien gehörte.

2) Der Rhein mit den Nebenflüssen rechts: Neckar (Nicer, Nicarus), Main[1] (Moenus, Mogan), Lahn (Laugona, Lonaha), Lippe (Luppia).

3) Die Weser (Visurgis).

4) Die Ems (Amisius).

5) Die Elbe (Albis), mit der sächsischen Saale (Sala).

6) Die Eiber (Egidora).

7) Die Ober (Viadrus).

8) Die Weichsel (Vistula), welche Germanien von den sarmatischen (slavischen)[2] Völkerschaften trennte.

Volksstämme. Die alten Deutschen wurden von den Römern in drei große Hauptstämme getheilt: 1) Die Istävonen, 2) Ingävonen und 3) Hermionen, denen noch die Sueven beigezählt werden. Sie rühmten sich alle gleicher Abstammung, Sprache, Religion und Sitte.

1) Zu den gegen den Rheinstrom hin wohnenden Istävonen oder Westländern gehörten insbesondere: Die Brukterer zu beiden Seiten der Lippe; die Sigambrer zu beiden Seiten der Ruhr; die seit Augustus zu Gallien gerechneten Bataver auf der Insel zwischen Waal (Vahalis) und Lek; die Chatten mit den Mattiakern vom Thüringerwald bis an den Main und die fränkische Saale im Osten[3].

2) Zu den Ingävonen, die ihre Sitze längs der Nordsee bis über die untere Elbe hatten, gehörten die Friesen vom Flevo (Zuyderfee) bis zur Ems, die Chauken an der Nordseeküste zwischen Elbe und Weser, die Sachsen (Saxones) jenseits der unte-

---

[1] Als Nebenflüsse des Mains verdienen Erwähnung die Regnitz (Radantia), die fränkische Saale (Sala), an welcher die spätere kaiserliche Pfalz Sahalesburg, Salt oder Salzburg bei Neustadt in Unterfranken.

[2] Unter Sarmatia oder Scythia verstanden die Alten das große Gebiet von der Weichsel östlich bis an den Kaukasus mit Ausnahme der Halbinsel Krimm (Taurischer Cherfones). Der Donfluß (Tanais) theilte Sarmatien in das Europäische und Asiatische. Das Europäische Sarmatien schloß in sich Theile von Polen, Bessarabien und das südliche Rußland.

[3] Außerdem gehören noch zu den Istävonen: die in der Reitkunst berühmten Usipeter und Tenkterer, Köln gegenüber, die Chamaven an der Weser, am Rhein und der Zuyderfee, die Tubanten an der Issel (Isula), die Canninefaten zwischen der Nordsee und Zuyderfee, die Chattuarier an der Sieg (Segus).

1*

ren Elbe, ebendaselbst die Cimbern und Teutonen; die Cheruster zu beiden Seiten der Weser[1]).

3) Die Hermionen und Sueven dehnten sich vom Rhein und der Donau bis zu den Karpathen und der Weichsel aus. Zu ihnen zählte man die Hermunburen von der Donau bis zur Elbe, die Marcomannen (Gränzmänner), Anfangs zwischen Rhein und Main, später in Böhmen, die Quaden in Mähren, die Semnonen zwischen der Elbe und Ober, die Longobarden im Lüneburgischen, die Rugier am Ausfluß der Ober und auf der Insel Rügen, diesseits der Ober die Heruler, jenseits derselben die Burgundionen; rechts von diesen die Gothen, dann im heutigen Schlesien zwischen Ober und Weichsel die Ligier, Vandalen und Burier[2]).

Auf der den Römern unterworfenen Seite des linken Rheinufers wohnten die Tribocker im Elsaß, die Nemeter in der heutigen Pfalz und die Vangionen in Rheinhessen[3]), dann weiter rheinabwärts die Ubier mit der Stadt Köln (Colonia Agrippina).

Lebensweise, Sitten und Gebräuche. Die Germanen, welche das blaue Auge und das goldgelbe Haar kennzeichnete, waren groß und stark und härteten sich von Kindheit an durch Waffenübungen aller Art ab, namentlich durch die Jagd auf wilde Thiere, durch Klettern, Laufen, Springen und Schwimmen. Ihre Kleidung bestand in einem Mantel, und in der kalten Jahreszeit aus Thierfellen; ebenso einfach waren ihre Wohnungen: Holzstangen, Rasen, Moos und Bretter reichten zu ihrem Aufbaue hin. Städte haßte der Germane wie Gefängnisse; deßhalb siedelte er sich allein und abgesondert von andern Gehöften[4]) an. Seine Nahrung bestand aus Fleisch und Milch; seine Lieblingsspeise war das Pferdefleisch.

---

[1]) Zu den Ingävonen gehörten noch die Amsivarier an der Ems; die Marsen in der Gegend von Coesfeld mit dem Heiligthum der Tanfana.

[2]) Zu den Hermionen werden noch gezählt: die Stiren und Gepiden an der Weichsel.

[3]) Zu erwähnen sind hier die Städte Argentoratum (Straßburg), Tabernae (Rheinzabern), Noviomagus (Speyer) und Moguntiacum (Mainz).

[4]) Mehrere Gehöfte, oft 100 Familien umfassend, bildeten die Gemeinde, alle Gemeinden zusammen den Gau, Gowe (Pagus).

Dabei genoß man ein dem Biere ähnliches, berauschendes Getränk, den Meth. Tapferkeit, Treue, Keuschheit und Gastfreundschaft rühmen die Römer an unsern Vorfahren. Doch berichten sie auch, daß, wenn der Germane nicht zum Kriege oder zur Jagd auszog, er sich gerne der Trägheit, dem Trunke, der Raufsucht und besonders dem Würfelspiele hingegeben habe, und zwar letzterem so leidenschaftlich, daß er selbst seine Freiheit zum Pfande einsetzte.

Stände. Die Germanen schieden sich in F r e i e und U n = f r e i e. Zu den ersteren gehörten die von freien Eltern Gebornen, welche durch die in der Volksversammlung ihnen dargereichten Waffen w e h r h a f t gemacht worden waren. Unter den Freien waren die Edelinge, Adelige wegen der Anführung im Kriege und wegen Bekleidung der priesterlichen Würde zu größerem Ansehen gelangt. Die Könige waren aus den Adeligen; bei Gericht, Opfern, Volks= versammlungen hatten sie den Vorsitz. Das Eigenthum des freien Mannes, welches er theils ererbt hatte, theils als Antheil am er= oberten Lande besaß, hieß Allobium oder die G e w e h r e. Die Unfreien waren theils L e i b e i g e n e (servi) und galten als Sache des Herrn; theils H ö r i g e (Lassen, Liten), welche einen Theil der Ländereien ihres Herrn zur Nutznießung hatten, und ihm dafür einen in Getreide, Vieh und Kleiderstoffen bestehenden Pacht ent= richteten, weßhalb sie der Herr in seinen Schutz nahm.

Volksversammlungen. In den Versammlungen der Gemeinde oder des ganzen Stammes durfte jeder Freie seine Ansicht äußern. War diese Allen genehm, so schlug man die Waffen heftig zusam= men; dagegen verwarf man sie durch dumpfes Murmeln. Die Volksversammlung war das Oberhaupt des ganzen Stammes; sie leitete die öffentlichen Angelegenheiten.

Rechtspflege. Die Rechtspflege war sehr einfach; man entschied nach ungeschriebenen Gesetzen. Die Vorsteher des Gaues (prin= cipes), denen 7—12 Schöffen oder Geschwornen zur Seite standen, sprachen das Urtheil. Zur Auffindung der Schuld bediente man sich in zweifelhaften Fällen des Eides und der Gottesurtheile (Ordale)[1]. Die Strafe für Verbrechen war entweder Todes=

---

[1] Die alten Völker waren der Meinung, Gott könne einem ungerechter Weise Angeklagten seine augenblickliche, sichtbare Hilfe nicht versagen, sowie er

ſtrafe, oder das ſogenannte Wehrgeld[1]), Sühngeld, b. i. der Schuldige mußte einen Theil ſeines Vermögens an den Beſchädigten oder deſſen Familie bezahlen.

Kriegsverfaſſung. Das Aufgebot aller Freien zum Kriege hieß der Heerbann. War das Vaterland in Gefahr, ſo ergriffen Alle die Waffen: Schwert, Lanze und Frame[2]). Zur Vertheidigung diente der aus Weiden oder Holz verfertigte Schild. Vor dem Beginne des Kampfes erhoben die Sänger (die Barden der Kelten) den Schlachtgeſang (baritus), durch welchen die Streiter an die Großthaten der Vorfahren erinnert und zu deren Nachahmung aufgefordert wurden. Die Hauptkraft der Deutſchen beſtand im Fußvolk; unter daſſelbe miſchte ſich während des Kampfes die Reiterei. Bei dem Ausbruche eines Krieges verſammelten ſich edle Jünglinge um den Kriegsanführer[3]), oder den König des Stammes, zu ſeinem beſonderen Schutze; ſie bildeten ſeine Leibwache oder ſein Gefolge (Comitatus) und mußten die größten Gefahren mit ihm theilen.

Religion. Als höchſten Gott verehrten die Germanen meiſtens in Wäldern und heiligen Hainen Wodan (Odin), den allmächtigen, den Sieg verleihenden. Neben Wodan ſtehen als Götter ſeine Söhne Thr, der Gott des Krieges, und Thor, der Gott des Donners, Sturmes und Regens; Wodans Schweſter, Freja (Nerthus, Hertha) iſt die Beſchützerin der Heerden, die Ordnerin des Hauſes. Außerdem verehrte man noch untergeordnete Weſen, Halbgötter und Halbgöttinnen. Den Göttern brachte man Opfer durch die Prieſter dar; auch Prieſterinnen hatte man, welchen die Gabe der Weiſſagung zugeſchrieben ward. Mächtig war der Glaube der

---

auch den Verbrecher ſogleich ſtrafen müſſe. Die Handlungen nun, durch welche die göttliche Hilfe (oder auch die göttliche Rache, wenn Einer wirklich ſchuldig war) ſich offenbaren ſollte, hießen Gottesurtheile oder Ordalien. Solche waren der Zweikampf (duellum) das Looſen, die kalte Waſſerprobe, bei welcher der Unterſinkende als ſchuldig erkannt wurde, der Keſſelfang, wobei der Angeklagte aus ſiedendem Waſſer einen Gegenſtand herausziehen mußte, ohne die Hand zu verletzen u. a.

[1]) Mit Geld konnten nicht geſühnt werden Verrath und Mord des Königs, von allen anderen Verbrechen konnte man ſich durch Geld loskaufen.

[2]) Ein leichter Wurfſpieß mit einer kurzen, ſcharfen Spitze.

[3]) Nicht alle deutſchen Stämme hatten Könige.

Germanen an die Fortdauer der Seele nach dem Tode. In den Himmel Wodans, die Walhalla, kam nach ihrer Ansicht nur der Tapfere, dagegen des Feigen harrten ewige Qualen in dem Reiche der finstern Hela.

II.

Die Kämpfe der Römer mit den Deutschen.

Krieg mit den Cimbern und Teutonen. (113—101 vor Chr.) Der erste Zusammenstoß zwischen Germanen und Römern fand im Cimbern= und Teutonenkriege statt. Uebervölkerung und Noth trieb diese Stämme aus ihrer nördlichen Heimath furwärts zur Aufsuchung neuer Wohnsitze. Die Cimbern überschritten die Donau, durchzogen Noricum, und besiegten 113 v. Chr. bei Noreja an den Alpen (im Tauriskergebiet) den römischen Consul Papirius Carbo. Alsbald wandten sie sich westlich nach Gallien, und schlugen, während sich unterdessen die Teutonen und Ambronen (in Helvetien) ihnen beigesellt hatten, noch viermal die Römer[1]. Als nun die Cimbern wieder nach den Donaugegenden zurückgegangen waren, um von dort aus über die Alpen in Italien einzubringen, so griff der römische Consul Cajus Marius die Teutonen und Ambronen bei Aquä Sextiä (Aix in der Provence) 102 v. Ch. an, und besiegte sie unter ihrem Anführer Teutobochus. Bald darauf schlug er auch die über die Trienter Alpen nach Italien vorgedrungenen Cimbern auf den raudischen Gefilden bei Vercellä[2] an der Sesia 101.

Der Kampf mit Ariovist. Zwei und vierzig Jahre später zog der deutsche Heerführer der Sueven, Ariovist, über den Rhein nach Gallien, um den Sequanern[3] auf ihr Ansuchen hin gegen

---

[1] Von den Cimbern und Teutonen wurden noch besiegt: in einer 2. Schlacht, in Südgallien 109 v. Ch. der Consul Silanus, in einer 3. der Consul Cassius, in einer 4. der Legat Aurelius Scaurus, in einer 5. im Jahre 105 die römischen Anführer Manlius und Servilius Cäpio.

[2] Zwischen Mailand und Turin.

[3] Zwischen der Rhone (Rhodanus) und der Saone (Arar) in der heutigen Franche=Comté.

einen andern gallischen Stamm, nämlich die Aeduer[1]), die Schützlinge Roms, beizustehen. Ariovist, durch den fruchtbaren Boden Galliens verlockt, beschloß, sich daselbst festzusetzen. Da riefen gegen ihn gallische Völker den römischen Feldherrn Cajus Julius Cäsar um Schutz an; dieser besiegte ihn 58 v. Chr. bei Visontio (Besançon)[2]) und trieb ihn über den Rhein zurück. Alle links der Rheins woh= nenden Deutschen oder mit den Deutschen verwandten Völkerschaften, wie die Belgier[3]), erlagen den Römern. Cäsar ging hierauf zwei= mal (55 und 53 v. Ch.) über den Rhein, um in Deutschland selbst einzudringen, jedoch ohne Erfolg[4]).

Die Kämpfe der Römer mit den Deutschen unter dem Kaiser Augustus. Der zweite Römer, der mit einer Heeresmacht den Rhein überschritt, war des Octavianus Augustus Feldherr, Agrippa. Nach ihm wurde der römische Feldherr Lollius, ein habgieriger Mann, von den Sigambrern und andern Stämmen in die Flucht gejagt, 18 v. Ch. Augustus schickte hierauf seine Stiefsöhne Dru= sus und Tiberius über die Alpen und diese unterwarfen im Jahre 15 vor Chr. alles Land südlich der Donau, von dem Bodensee und den Alpen bis zu dem Kahlenberg im Osten, näm= lich Rhätien, Vindelicien und Noricum[5]), der römischen Herrschaft.

---

[1]) Zwischen der Saone und der Loire (Ligeris) in der heutigen Bourgogne.

[2]) Am Doubs (Dubis), Nebenfluß der Saone.

[3]) Zu den Belgiern gehörten z. B. die tapfern Nervier an der Sambre (Sabis) bis über die Schelde (Scaldis) und Maas (Mosa).

[4]) Ganz Gallien (Gallia transalpina) wurde durch Cäsar dem römischen Gebiete einverleibt und umfaßte das heutige Frankreich, Belgien, einen Theil Hollands, das ganze Gebiet links des Rheins und nahezu die ganze Schweiz. Von Augustus wurde es in 4 Bezirke getheilt: a) Gallia Narbonensis (Bracoáta) oder die Provincia im Süden. b) Aquitania im Westen an der Loire und Garonne (Garumna) bis zu den Pyrenäen. c) Lugdunensis in der Mitte. d) Belgica oder Belgium mit Germania cisrhenana im Norden und Osten.

[5]) Wie aus den zum Schutze des Rheinstroms errichteten, römischen Stand= lagern (castra stativa) sich allmählig Städte, wie Xanthen (castra vetera) Köln u. s. w. bildeten; ebenso hatten den an der Donau oder südlich derselben angelegten römischen Castellen oder Colonien viele Städte ihren Ursprung, oder ihr Aufblühen zu verdanken, so z. B. Augsburg (Augusta Vindelicorum), Re= gensburg (castra Regina), Passau (castra Batava), Kempten (Campodunum), Salzburg (Juvavia), Lorch (Laureacum an der Mündung der Enns (Anasus).

Hierauf zog Drusus (12—9 v. Chr.) an den Rhein, legte daselbst viele Castelle an, rückte durch das Gebiet der von ihm besiegten Chatten bis über die Weser vor, und verwüstete alles Land bis an die Elbe. Auf seiner Rückkehr zum Rheine fiel er vom Pferde und starb alsbald. Sein Bruder Tiberius, der ihm im Oberbefehle nachfolgte, unterwarf, mehr durch Klugheit, als durch Gewalt, das Land zwischen dem Rhein und der Elbe (8—3 v. Ch.)

Nach ihm bestimmte Augustus den Quinctilius Varus zum Statthalter in Deutschland; allein dieser beleidigte die Deutschen durch Einführung römischer Gesetze, römischer Sprache und durch Auflegung eines Tributs. Die Deutschen unter Anführung des tapfern Cheruskerfürsten Hermann (Arminius) lockten ihn, ohne daß er auf die Warnung des ihm befreundeten Cheruskers Segestes hörte, mit seinem Heere in unwegsame Gebiete an den Teutoburger Wald (im Lippe-Detmoldischen) und vernichteten im Jahre 9 nach Chr. in einer dreitägigen Schlacht das ganze römische Heer, während Varus sich selbst entleibte. Augustus, bei der Kunde hievon fast trostlos, sendete den Tiberius und dann des verstorbenen Drusus Sohn, Germanicus, an den Rhein ab, um von Neuem den Deutschen die römische Macht zu zeigen. Germanicus insbesondere unternahm in den Jahren 14—17 n. Chr. mehrere Feldzüge in das Innere Deutschlands, besiegte auch die von Hermann befehligten Deutschen bei Idistavisus[1]) an der Weser, während er bei Lokkum am Steinhudersee[2]) den Sieg über sie sich zuschrieb; er mußte aber alsbald auf Befehl seines Oheims Tiberius, der unterdessen Kaiser geworden, nach Rom zurückzukehren. Obwohl nach ihm die Römer die Eroberung Deutschlands aufgaben; so schadete doch den Deutschen die unter ihnen ausgebrochene Zwietracht und der Verrath mehr, als die Angriffe der Römer auf ihr Land. So kämpften Hermann, der Anführer des Cheruskerbundes, und Marbod, der König der Marcomannen (im heutigen Böhmen), mit einander, jener um Vergrößerung des deutschen Völkervereins, dieser um Erweiterung seiner Macht. Hermann selbst wurde später ein Opfer des Neides seiner Anverwandten

---

1) In der Nähe von preußisch Minden.
2) Theilweise zu Hannover und zu Schaumburg-Lippe gehörig.

(22 n. Chr.). Im Jahre 58 stritten gleichfalls die Chatten und Hermunduren um die Salzquellen an der (fränkischen?) Saale, bis die Chatten, fast ganz aufgerieben, sich nach dem Norden zurückzogen.

Claudius Civilis und der Kampf der Bataver. (69—73 n. Ch.) Ein Jahr vor der Thronbesteigung des römischen Kaisers Vespasian erhoben sich die Bataver unter ihrem hochherzigen Anführer Claudius Civilis, und viele deutsche Stämme, z. B. die von der Jungfrau Veleda begeisterten Brukterer, um das römische Joch abzuschütteln und ein gallisches Reich zu gründen. Allein der von Vespasian gegen sie abgesandte Cerealis schlug den Civilis, und die in das römische Gebiet eingedrungenen Germanen mußten dasselbe im Jahre 73 räumen, während die Bataver wieder römische Bundesgenossen wurden.

Die Deutschen unter den römischen Kaisern Domitian, Trajan und Hadrian. Mit mehr Glück, als die Bataver, kämpften die Chatten, Marcomannen und Quaden gegen den römischen Kaiser Domitian, welcher von den beiden letzteren besiegt und verjagt wurde. Unter den Kaisern Trajan und Hadrian ward das sogen. römische Zehntland (agri decumates)[1]) durch einen Wall (Limes romanus)[2]), welcher von der Donau über den Main bis an die Mündung der Lahn in den Rhein sich hinzog, gegen die Angriffe der Deutschen geschützt.

---

[1]) Zwischen dem Oberrhein und der Donau im heutigen Baden und Würtemberg.

[2]) Dieser Wall (vallum Hadriani, Limes Transrhenanus) begann bei dem Einfluß der Altmühl in die Donau, ging westlich an den Neckar, dann nördlich an den Main bei Miltenberg, überschritt hier diesen Fluß, setzte sich hierauf bei Hanau über den Taunus bis zum Ausfluß der Lahn bei Koblenz (Confluentia) fort; er diente zugleich als Heerstraße. Das Volk nennt ihn heutzutage „Teufelsmauer, Pfahlgraben, Pfohlgraben." Längs dieser Befestigungslinie oder Straße waren die Städte und Castelle Colousum (Kelheim), Augusta nova (Osterburken), Turigobergo (Wallbürn), Ascis (Eschau), Ascapha (Aschaffenburg), Aquae Mattiacae (Wiesbaden) und andere. Ein zweiter Wall (Limes Transdanubianus) ging von Kelheim an der Donau bis nach Lorch auf der rauhen Alp.

Der Marcomannenkrieg. In den Jahren 166—180 n. Chr. unter der Regierung des Kaisers Marcus Aurelius Antoninus stürmten die Marcomannen, die Quaden, die Longobarden, die Hermunduren, und andere Stämme gegen das römische Weltreich an. Marcus Aurelius bekriegte sie mit abwechselndem Glücke, starb aber vor Beendigung des Krieges zu Vindobona (Wien) in Pannonien. Sein Sohn und Nachfolger Commodus verglich sich mit ihnen gegen Entrichtung eines jährlichen Tributs und gegen den Abzug der Römer vom linken Donauufer.

Die deutschen Völkervereine. Im dritten Jahrhundert n. Chr. traten die Deutschen zu Waffenvereinen zusammen, die Namen der alten westdeutschen Völkerschaften von der Nordsee bis zum Bodensee verschwanden, und an ihre Stelle traten neue Benennungen. Die vier Völker= oder Waffenbündnisse jener Zeit waren:

1) Der Alamannenbund (211 n. Chr.), welcher im südwestlichen Deutschland die Stämme vom Main bis an die Donau umfaßte und allmählig sich über die Donau hinaus zwischen dem Lech und Bodensee ausbreitete.

2) Der Frankenbund (238 n. Chr.); zu ihm gehörten die Völkerschaften zu beiden Seiten des Niederrheins; er dehnte sich östlich bis gegen die Werra (Vierra), westlich allmählig nach Galien hin aus.

3) Der Sachsenbund (266 n. Chr.), von der Nord= und Ostsee bis an die Weser und den Harz reichend.

4) Der Gothenbund im Osten begriff die gothischen Stämme in ihrer allmähligen Ausdehnung von der Weichsel bis zum schwarzen Meere (Pontus Euxinus). Die Gothen theilten sich später in die Ostgothen (Austrogothen) am schwarzen Meere und die Westgothen (Visigothen oder Thervinger) in Dacien[1]), wozu noch die Gepiden kamen, und wurden durch ihre Angriffe auf das römische Gebiet, von der Donau und dem schwarzen Meere her, den Römern furchtbar.

---

[1]) Dacien war von der Donau, der Theiß (Parthyscus oder Thysia), den Karpathen (Carpates) und dem Pruth (Hierasus) begrenzt; es umfaßte somit die heutige Moldau, Walachei, Siebenbürgen und die Bukowina.

III.

Die große Völkerwanderung und die aus derselben hervorgehenden Reiche deutscher Volksstämme.

Die Hunnen. Der Ostgothe Hermanrich hatte um die Mitte des vierten Jahrhunderts ein Ostgothenreich gegründet, das vom schwarzen bis zum baltischen Meere reichte; da begann plötz= lich um das Jahr 375 n. Chr. die große Völkerwanderung vom Osten Asiens her. Die Hunnen, ein mongolischer Volkstamm, stießen, nach Westen ziehend, auf die Alanen am Kaukasus, (zwi= schen Don und Wolga), und zerstörten mit diesen das Ostgothen= reich am schwarzen Meere. Die Ostgothen stürzten sich nun auf Visigothen, und diese hinwiederum flohen nach einer am Dnie= ster (Tyras) verlornen Schlacht über die Donau und erhielten auf ihr Begehr von dem römischen Kaiser Valens Mösien[1]), das Land rechts der Donau, zum Wohnsitze[2]). Bald aber von den kai= serlichen Statthaltern hart bedrängt, ergriffen die Visigothen unter ihrem Fürsten Fridiger die Waffen und schlugen bei Adriano= pel 378 den Kaiser Valens, der dabei das Leben verlor. Der nachfolgende Kaiser Theodosius der Große schloß mit ihnen Frieden und gab ihnen Wohnsitze südlich von der Donau in Thra= cien[3]) und Illyrien[4]), und 40,000 Gothen traten als Bun= desgenossen in das römische Heer.

Theilung des römischen Reiches. — Der Westgothe Alarich. Während sich die Hunnen unterdessen über das südliche Rußland, über Ungarn und Polen ausgebreitet hatten, theilte im Jahre 395 n. Chr. der römische Kaiser Theodosius der Große das Reich

---

[1]) Zwischen dem Balkan (Haemus) und der Donau, heutzutage Serbien und Bulgarien.

[2]) In dieser Zeit wurden die Westgothen Arianer; unter ihnen wirkte der durch seine gothische Bibelübersetzung berühmte Bischof Ulfila † 388.

[3]) Thracien (heutzutage Rumelien) zwischen dem Balkan, dem Nestusflusse (Karasu), dem Archipel, dem Marmora=Meere (Propontis) und dem schwarzen Meere.

[4]) Illyrien begriff in sich die Süddonauländer, die südöstlich von Ita= lien und Rhätien gelegen waren und ging bis zu den dinarischen Alpen (Mons Adrius) in Dalmatien, der Ostküste des adriatischen Meeres.

unter seine noch unmündigen Söhne; dem älteren Arcadius gab er den östlichen Theil mit Constantinopel (oströmisches Reich), dem jüngeren Honorius den westlichen Theil mit Rom (weströmisches Kaiserthum) [1]. Da man nach dem Tode des Theodosius den Westgothen die jährlichen Geschenke versagte, so zogen sie unter ihrem Führer und späteren Könige Alarich, dem Balthen, plündernd durch Macedonien und Griechenland; hierauf gingen sie nach Italien, wurden aber in der Schlacht von Pollentia [2] und bei Verona an der Etsch im Jahre 403 von dem Vandalen Stilicho, dem Oberbefehlshaber des weströmischen Heeres, genöthigt, sich nach Illyrien zurückzuziehen und sich mit einem Jahrgelde zu begnügen. Als dem König Alarich später das vertragsmäßige Jahrgeld vom Kaiser Honorius zu Ravenna verweigert wurde, zog er auf Rom los und eroberte und plünderte es im Jahre 410 n. Chr. Er wollte auch Sicilien und Afrika unterwerfen, da ereilte ihn der Tod in Cosenza in Calabrien und die Gothen begruben ihn im Bette des Busentoflusses.

Züge deutscher Völkerschaften nach Süden und Westen. Um diese Zeit überflutheten Schaaren deutscher und anderer Völker unter Anführung des Radagais (406 n. Chr.) verwüstend Oberitalien, bis sie durch Stilicho fast aufgerieben wurden; dagegen andere Züge derselben germanischen Stämme wandten sich nach Gallien und Spanien, um in diesen Ländern sich niederzulassen. So faßten die Vandalen Anfangs in Spanien [3] festen Fuß, und gründeten dann bald in Afrika 429 das Vandalenreich unter ihrem König Genserich (Geiserich), der selbst später Rom einnahm (455 n. Ch.). Die Alanen siedelten sich in der Mitte Spaniens und am Ebro (Iberus), die Sueven in Gallicien im Nordwesten Spaniens an. Die Burgunder gingen über den Rhein und stifteten im südöstlichen Gallien zu beiden Seiten des

---

[1] Das oströmische Reich hieß von nun an auch byzantinisches, griechisches oder morgenländisches Kaiserreich, das weströmische nannte man abendländisches oder lateinisches Kaiserthum. Die Grenze beider Reiche war die Drina (Drinus) ein Nebenfluß der Save von rechts.

[2] In der Nähe von Turin (Augusta Taurinorum).

[3] Nach ihnen wird noch die Provinz Andalusien benannt.

Juragebirges und der Rhone das Burgunderreich[1]). Unter ihrem neuen Könige Athaulf (Adolf) wandten sich die West-gothen nach Gallien und gründeten unter dem folgenden Könige Wallia 419 n. Chr. das westgothische oder tolosanische Reich mit der Hauptstadt Toulouse (Tolosa) an der Garonne (Garumna). Dasselbe dehnte sich allmählig über ganz Spanien aus, mit Ausnahme des von den Sueven besetzten nordwestlichen Theiles, und hatte unter dem Könige Eurich das Mittelmeer im Süden Spaniens und nördlich die Loire in Frankreich zu Grenzen. Seinen Untergang fand das Westgothenreich 711 durch den Sieg der Araber über den Gothenkönig Roderich in der Schlacht bei Xeres de la Frontera[2]). Im Jahre 449 n. Chr. nahmen auch die An-geln, Sachsen und Jüten unter Anführung der Brüder Hen-gist und Horsa Britannien in Besitz, während die alten Briten nach der Proving Wallis (Wales) sich zurückzogen, oder an die Westküste Galliens nach Armoricum sich begaben.

Der Hunne Attila. (434—453 n. Ch.) Zum zweiten Male er-hoben sich die Hunnen zum Zuge gegen Westen und zwar unter ihrem neuen König Attila (Etzel), die „Gottesgeißel". Mit einer Schaar von Hunnen, Ostgothen, Gepiden, Alanen, Longobarden und anderen Stämmen zog Attila im Jahre 450 verheerend durch Deutschland und rückte gegen Gallien vor. Bei Chalons (Catalaunum)[3]) an der Marne auf der catalaunischen Ebene kam es 451 zur Schlacht zwischen Attila und dem Feldherrn des west-römischen Reiches, Aëtius, dem sich die Westgothen unter ihrem König Theodorich, die Burgunder, Gallier und andere zugesellt hatten. Aëtius siegte mit den Westgothen, deren König im Kampfe fiel, und Attila mußte sich nach Pannonien zurückziehen. Zwar drang er noch einmal 452 nach Oberitalien vor und vernichtete

---

[1]) Altburgund (das ehemalige Land der Sequaner und Allobroger) erstreckte sich östlich bis zur Aar, der Reuß und den Alpen in der heutigen Schweiz, süd-lich bis zur Durance (Druentia) in Frankreich, westlich bis zu den Sevennenbergen (Cebenna mons) links von der Rhone.

[2]) In Andalusien (Spanien). Ueberreste der Westgothen zogen sich in die Gebirge Asturiens zurück, von wo aus allmählig kleinere christliche Königreiche, wie Leon, Castilien u. s. w. entstanden.

[3]) In der Champagne (Frankreich).

Alles mit Feuer und Schwert[1]), aber durch den Papst Leo den Großen ward er zum Rückzuge nach der Donau bewogen. Nach dem im Jahre 453 erfolgten Tode Attila's wurden die Hunnen über den Dnieper (Borysthenes) zurückgetrieben, während die mit ihm ausgezogenen Ostgothen in Pannonien zwischen Windobona und Sirmium[2]), die Gepiden dagegen sich in Dacien niederließen.

Die Bewohner Deutschlands um die Mitte des fünften Jahrhunderts.

1) Die Franken, ripuarische und salische; jene zwischen dem Rhein und der Fulda, der Mosel (Mosella) und der Maas, diese von der Maas bis an das Meer.

2) Die Friesen, nördlich von den Franken, an der Nordsee zwischen Maas und Elbe.

3) Die Sachsen um die Elbe, Weser und Ems bis nahe an den Rhein; die an der Elbe hieß man Ostphalen, die um die Weser und Ems herum Westphalen; zwischen beiden lagen die Engern (Angari) und nördlich an der Elbe die zu ihnen gehörigen Nordalbingier.

4) Die Alamannen, diesseits und jenseits des Rheins, im Norden bis an die Lahn und den Main, im Osten an den Lech, im Süden bis in die Schweiz und im Westen sich über die Vogesen im Elsaß ausdehnend.

5) Die Bojoarier oder Bayern, östlich vom Lech bis zur Enns, und südlich von der Donau bis zu den Quellen des Inn und der Etsch.

6) Die Longobarden, Heruler und andere in den östlichen Donaugegenden.

7) Die Thüringer (die alten Hermunduren) hatten sich zwischen der Werra und der sächsischen Saale vom Harz über das östliche Maingebiet bis an die Donau ausgebreitet.

---

[1]) Dieser Verwüstungszug Attila's soll die Entstehung Venedigs (Venetorum insulae) veranlaßt haben, indem viele Bewohner der Städte Oberitaliens sich auf die kleinen Inseln (Lagunen) im adriatischen Meere flüchteten und sich dort häuslich niederließen.

[2]) Heutzutage Mitrowitz an der Save.

8) Die Slaven und Wenden (Venedi) im Nordosten und Südosten Deutschlands, von der Elbe bis zur Ostsee, dann an der March und Raab, an der Save und Drave.

Untergang des weströmischen Reiches [1] **durch Odoaker.** Im Jahre 476 wurde der letzte weströmische Kaiser, Romulus Augustulus, durch Odoaker, den Anführer der Heruler und Rugier, nach der Einnahme Ravennas beseitigt; dagegen betrachtete sich Odoaker, den seine Untergebenen König nannten, als Herrn von Rom und Italien. Den deutschen Völkern in Italien gab er den dritten Theil der Ländereien, welche sie gefordert hatten, und herrschte milde und gerecht 17 Jahre über Italien, Sicilien und Dalmatien, bis er durch den Ostgothen Theoborich (Dietrich) dreimal besiegt und dann ermordet wurde.

Theodorich der Große, König der Ostgothen. (493—526 n. Ch.), aus dem Geschlechte der Amaler zog im Frühjahr 489 von Pannonien nach Italien, besiegte am Isonzo (Sontius), an der Etsch und an der Abba den Odoaker und befestigte die Herrschaft der Ostgothen in und außerhalb Italien. Zu seiner Herrschaft gehörte alles Land südlich von der Donau von ihren Quellen bis zum Ister [2] (Oenus) im Osten, und begriff somit Italien, Sicilien, Rhätien, Vindelicien und Noricum, Pannonien und Dalmatien; ebenso gebot er über die Provence und einen Theil Burgunds, (zwischen der Rhone, der Durance (Druentia) und dem Mittelmeere). Während seiner Regierung zeigte er die Weisheit und die Macht eines trefflichen Herrschers und berief an seinen Hof die tüchtigsten Männer als Räthe, wie den Boethius und den Cassiodor. Für seine Gothen sorgte er in wahrhaft väterlicher Weise. Seine Residenzen waren zu Ravenna (Raben) und Verona (Bern).

Nach Theodorichs Tode eroberte der byzantinische Kaiser Justinian in den Jahren 535—555 durch seine Feldherren, den Belisar, den Zertrümmerer des Vandalenreiches in Afrika [3],

---

[1] Das oströmische oder griechische Kaiserthum dauerte noch bis zum Jahre 1453, in welchem es von den Türken zerstört wurde.

[2] Nebenfluß der Donau in dem heutigen Bulgarien.

[3] Der letzte König der Vandalen war Gelimer; das Vandalenreich hörte auf 534 n. Chr.

und den Narses, die italienischen Besitzungen der Ostgothen trotz der heldenmüthigen Aufopferung der nachfolgenden ostgothischen Könige Vitiges, Totilas und Tejas[1]). Italien wurde eine oströmische Provinz unter dem Erarchen (Statthalter) von Ravenna. Der erste dieser Erarchen war Narses.

Die Longobarden in Italien. Von den Longobarden, die anfänglich an der untern Elbe, später im nordwestlichen Ungarn, in Pannonien ihre Wohnsitze hatten, kämpften viele unter Narses, dem Feldherrn des Kaisers Justinian, gegen die Ostgothen, und kehrten später, reichlich beschenkt, in ihre Heimath, nach Pannonien, zurück. Kaum aber war Narses als Exarch abgesetzt, da fielen die Longobarden 568 unter ihrem Könige Alboin, welcher Pannonien den Avaren abgetreten hatte, durch Noriker, Bojoarier und viele Sachsen verstärkt, in Italien ein, und unterwarfen alle Städte Oberitaliens und viele Mittelitaliens, zuletzt Pavia (Ticinum). Nach Alboins Ermordung brachte die bayerische Fürstentochter und Gemahlin des Lombardenkönigs Authari, Theodolinde[2]), einen wahren Segen über das Reich und war unermüdlich in der Sorge für das Wohl ihrer Unterthanen. Unter manchen Kämpfen erweiterten die Longobarden ihr Reich, so daß sie zur Zeit ihres Königs Luitprand fast ganz Italien inne hatten; von ihrer Herrschaft waren nur die Gebiete von Istria und Venedig, das Exarchat von Ravenna, die Herzogthümer (ducatus) Rom und Neapel, sowie Calabrien ausgenommen, auf welche der griechische Kaiser ein Hoheitsrecht geltend machte. Als der Lombardenkönig Aistulf das römische Gebiet angriff, so ward er durch den Frankenkönig Pipin den Kleinen genöthigt, von der Besetzung Roms abzustehen, und endlich machte Karl der Große 774 durch Absetzung des Königs Desiderius dem Longobardenreiche ein Ende, nachdem es zweihundert Jahre bestanden hatte.

---

[1]) Vitiges wurde von Belisar gefangen nach Constantinopel gebracht; Totilas fiel in der Schlacht bei Tagina (unweit Rom) 552; Tejas bei Nocera am Vesuv 662.

[2]) Die Tochter des Bayernherzogs Garibald I. aus dem Geschlechte der Agilolfinger.

Zweiter Abschnitt.

Von der Gründung des Frankenreiches bis zur großen Theilung desselben durch den Vertrag von Verdun.

I.

Die Merovinger (481—752).

Chlodwig I. (481—511 n. Chr.). Unter den Bewohnern Deutschlands im fünften Jahrhundert n. Chr. nahm vor allen das Volk der Franken eine hervorragende Stellung ein. Der Merovinger Chlodwig (Ludwig), aus dem Stamme der salischen Franken, ward der Begründer des großen Frankenreiches und zwar auf folgende Weise:

1) Er besiegte den römischen Statthalter Syagrius[1]) bei Soissons[2]) (Suessiones) 486.

2) Er machte 491 die Thüringer zinsbar.

3) Er unterjochte 496 bei Zülpich (Tolbiacum)[3]) die Alamannen und wurde in Folge dieses Sieges Christ.

4) Im Jahre 498 unterwarf sich ihm das Land Armoricum zwischen der Seine (Sequana) und Loire mit den Städten Paris und Orleans (Aurelianum).

5) Die Westgothen besiegte er bei Vouglé (Vivonne)[4]) in Aquitanien und schlug das Land bis zur Garonne (Garumna) und den Sevennen zum Frankenreiche[5]).

---

[1]) Die römische Herrschaft in Gallien, deren Gebiet westlich von Armoricum, nördlich von dem Gebiet der Franken, östlich von Alamannien begrenzt wurde, suchte sich nach dem Untergange des weströmischen Reiches unter Aegidius und seinem Sohne Syagrius noch zu halten, bis der letztere besiegt wurde.

[2]) Soissons liegt nordöstlich von Paris im heutigen Frankreich.

[3]) In der Nähe von Bonn.

[4]) Auch campi Vocladenses genannt.

[5]) Der Strich Landes südlich von der Garonne bis zu den Pyrenäen verblieb noch eine Zeit lang den Westgothen.

6) Endlich räumte er den ripuarischen König Siegbert und dessen Sohn Chloderich aus dem Wege, und nach der Ermordung der salischen Fürsten Chararich und Ragnachar wurde er Alleinherrscher des ganzen fränkischen Reiches. Zu Paris, wo er residirte, starb er im Jahre 511.

Die Söhne Chlodwigs. Chlodwigs vier Söhne[1] theilten das Reich nach dem bestehenden Herkommen, und so entstand:

1) Im Osten das Reich von Metz, mit welchem im Jahre 531 der südliche Theil des Thüringergebietes bis zur Unstrut[2] vereinigt wurde;

2) im Süden das Reich von Orleans;

3) im Westen das Reich von Paris;

4) im Norden das Reich von Soissons (mit den Residenzen gleichen Namens).

Im Jahre 534 kam auch das Land der Burgunder an das Frankenreich.

Nach dem Ableben seiner Brüder vereinigte Chlotar I., der jüngste von Chlodwigs Söhnen, das ganze Frankenreich auf 3 Jahre von 558—561; seine Herrschaft erstreckte sich vom atlantischen Ocean bis an die Unstrut in Thüringen. Nach ihm, um das Jahr 569, zerfiel das große Frankenreich in drei Theile, nämlich: 1) in Austrasien, Osterike oder Ostfranken[3] mit Alamannien und Bayern (deutsche Sprache); 2) in Neustrien oder Westfranken[4] mit dem Herzogthum Armoricum (romanische Sprache); 3) in Burgund, das von Austrasien und Neustrien, Italien und

---

[1] Die vier Söhne Chlodwigs waren: Theodorich (Dietrich), Herr von Metz oder Ostfranken; Childebert, König von Paris; Chlodomer, König von Orleans und Chlotar I., König von Soissons.

[2] Die Unstrut (Unstrode, Onstrode), der Nebenfluß der sächsischen Saale, schied Südthüringen von Nordthüringen.

[3] Die Grenzen Austrasiens waren im Norden die Nordsee, der Rhein bis zur Lippe, von hier ging die Nordgrenze über die Weser bis zur Unstrut; im Osten grenzte es an die sächsische Saale, den Böhmerwald und die Enns, im Süden an Burgund, im Westen an Neustrien.

[4] Neustrien grenzte im Westen an den atlantischen Ocean, im Norden an die Nordsee, im Osten an die Maas und die östliche Loire, im Süden an die Garonne.

dem Mittelmeere begrenzt wurde. Erst Chlotar II., ein Urenkel Chlodwigs, vereinigte von 613—622 das ganze Reich wieder; dann folgte eine neue Theilung durch Ernennung seines Sohnes Dagobert I. zum Könige von Austrasien.

Die fränkischen Hausmeier. Da oft unmündige oder schwachsinnige Könige aus dem Geschlechte der Merovinger auf dem fränkischen Throne saßen, so überließen sie die Regierungsgeschäfte ihren Hausmeiern (Majores domus). Diese standen Anfangs an der Spitze der königlichen Hausdiener, wurden dann Anführer der Kriegsleute und zuletzt die eigentlichen Herrscher. Die berühmtesten Hausmeier waren:

1) Der Austrasier Pipin von Landen[1]), welchem Dagobert I. († 638) die Regierung ganz überließ;

2) Pipin von Heristal, bekannt durch den Sieg über Theoderich III., den König von Neustrien und Burgund, und dessen Hausmeier bei Testri[2]) (Textricium) an der Somme 687; dadurch wurde Pipin alleiniger Majordomus von Austrasien und Neustrien. Er führte auch die Märzfelder ein, d. i. er berief auf den ersten März jedes Jahres die Vasallen des Reiches, um die Unternehmungen des Sommers zu berathen;

3) dessen Sohn Karl Martell (717—741), berühmt durch einen zweifachen Sieg über die Araber, und zwar das erstemal im Jahre 732 zwischen Tours[3]) (Caesarodunum) und Poitiers (Pictavium) in Aquitanien, wobei der arabische Anführer Abderrahman fiel, das zweitemal 738 bei Narbonne (Narbo Martius) an der Aude in Septimanien[4]). So wurde dem Vordringen der Lehre Muhameds ein Ziel

---

1) Heristal an der Maas bei Lüttich (Liege), Landen westlich von Heristal.

2) In Vermandois im nördlichen Frankreich.

3) An der Loire.

4) Das Gebiet von der Loire bis zu den Pyrenäen hieß Aquitanien, der südliche Theil Aquitaniens von der Garonne bis zum Meere und den Pyrenäen hieß insbesondere Septimanien oder Gothien. — Die Aude (Atax) ist ein Küstenfluß des Mittelmeeres.

geſetzt. Auch die Frieſen brachte Karl 734 durch Beſiegung
ihres Herzogs unter die Herrſchaft der Franken[1]).

4) Karl Martell's Sohn, Pipin der Kleine. Dieſer ließ
mit Zuſtimmung der fränkiſchen Großen auf dem Reichstage zu Soiſſons 752 den blödſinnigen König Chil-
derich III. abſetzen, dagegen ſich ſelbſt, als dem neuen Frankenkönige, die Huldigung darbringen.

Die Einführung des Chriſtenthums im Frankenreiche. Dadurch, daß Choldwig I. ſich taufen ließ, nahmen viele Franken den
chriſtlichen Glauben an; beſonders arbeitete an ihrer Bekehrung der
heilige Biſchof Remigius von Rheims, eifrigſt unterſtützt von der
frommen Chlotilde, der Gemahlin Chlodwigs[2]). In Oſtfranken
blühten zwar ſchon frühe Biſthümer am Rhein, doch erſt um das
6. 7. und 8. Jahrhundert faßte das Chriſtenthum im übrigen
Deutſchland Wurzel, als nämlich fromme Glaubensboten aus Ir-
land (Hibernia) und England nach Deutſchland kamen. So ſtreu-
ten in Alamannien Fridolin, Columban und Gallus, in Bayern
Emeram und Korbinian, in Friesland Wilibrord, im ehemaligen
Thüringerreiche Kilian den Samen chriſtlicher Lehre und wahrer
Geſittung aus. Den größten Ruhm hat ſich aber der Angelſachſe
Winfried, ſpäter Bonifacius genannt, in der Bekehrung Deutſch-
lands erworben.

Das Wirken des hl. Bonifacius. Zur Verbreitung des chriſtlichen Glaubens unter den heidniſchen Deutſchen errichtete der heilige Bonifacius Kirchen und Klöſter mit Kloſterſchulen: ſo zu
Fulda und Fritzlar, Frauenklöſter zu Kitzingen, Ochſenfurt
und Biſchofsheim an der Tauber, gründete viele Biſthümer
und insbeſondere in Bayern die Biſthümer Salzburg, Regensburg,
Freiſing und Paſſau; im Nordgau[3]) das Biſthum Eichſtädt, für
Südthüringen oder Franken das Biſthum Würzburg; auf verſchie-
denen deutſchen Kirchenverſammlungen drang er auf Abſchaffung
abergläubiſcher Dinge und heidniſcher Gebräuche. Im Jahre 747

---

[1]) Das Frankenreich umfaßte beim Tode Karl Martells (741) Auſtraſien,
Neuſtrien, und Burgund mit der Provence, dann Friesland und ſüdlich Septimanien bis zur Aude.

[2]) Durocortorum oder civitas Remorum.

[3]) Zwiſchen der Altmühl und dem Böhmerwald.

wurde er Erzbischof von Mainz und Primas für ganz Deutschland. Endlich im Jahre 763 begab er sich nach Friesland, um dasselbe ganz für das Christenthum zu gewinnen. Da ward er mitten in Ausübung seines heiligen Berufes von heidnischen Friesen überfallen und erlitt am 5. Juni 755 den Martertod. Zu Fulda liegt „der Apostel der Deutschen" begraben.

Die Reichsverwaltung. Das Kriegs= und Gerichtswesen. An der Spitze des Staates, wie des Heeres, stand der **König**; unter ihm geboten in den einzelnen Theilen des Reiches die **Herzoge** (wie in Bayern) und die **Hausmeier.** Nach ihnen kamen die **Gaugrafen,** die Anführer der Bewohner eines Gaues bei einem ausgebrochenen Kriege. Die Freien, die zum Kriege auszogen, mußten sich auf ihre eigenen Kosten ausrüsten und verpflegen. Die Gaugrafen waren zugleich die obersten **Richter** der Gaue. Die Richter urtheilten nach dem Gebrauch und Herkommen, später nach geschriebenen Gesetzen, wie im 7. Jahrhundert bei den Alamannen und Bayern. Zu den schon früher erwähnten Gottesurtheilen kamen in dieser Zeit noch die **Kreuzprobe**[1] und die Probe des **geweihten Bissens**[2]. Die Strafe für Verbrechen war meistens Vermögensstrafe und wurde nach **Schillingen** oder **Solibis** (Solidus), deren jeder den Werth einer Kuh hatte, bestimmt.

Das Besitzthum im Frankenreiche. Das im Kriege erworbene Land ward unter die freien Männer als freies Eigenthum vertheilt und hieß **Allodium,** d. i. Herrengut. Derjenige, der dem Könige treu diente, erhielt von demselben auf Lebenszeit noch mehrere Ländereien zur Bebauung und Nutznießung, jedoch nicht als Eigenthum. Wer nun solches Gut lehensweise einem Andern gab, hieß **Lehensherr,** wer es empfing, **Vasall,** das geliehene Gut selbst **Lehen** (feudum oder beneficium) und die Handlung, durch welche die Uebertragung von Landbesitz geschah, hieß **Belehnung** (investi-

---

[1] Die streitenden Parteien mußten mit ausgebreiteten Armen an einem Kreuze stehen; wer zuerst die Arme finken ließ, oder überhaupt sich bewegte, galt für besiegt.

[2] Dem Angeschuldigten wurde während der hl. Messe vom Priester ein gesegnetes Brod dargereicht; blieb dasselbe im Halse stecken und mußte es aus demselben herausgezogen werden, so galt er für schuldig.

tura). Die Vasallen verpflichteten sich durch den Lehenseid gegen ihren Lehensherrn zu ganz besonderen Dienstleistungen, vorzüglich zum Kriegsdienste. Später wurden die Lehen allmählig erblich, und reiche Grundherren gaben einen Theil ihrer Güter Andern wieder zu Lehen.

II.
Die Karolinger[1]) (752—911).

1. Pipin der Kleine 752—768.
2. Karl I. der Große 768—814.
3. Ludwig I. der Fromme 814—840.
4. Lothar I., Karl II. der Kahle, und Ludwig II. der Deutsche von 840—843 gemeinschaftlich; dann
5. Ludwig II. der Deutsche in Deutschland allein 843—876. Seine Söhne:
6. Karlmann 876—880; Ludwig III. 876—882 und Karl III. der Dicke 876—887.
7. Arnulf I. von Kärnthen 887—899.
8. Ludwig IV. das Kind 899—911, und der von mütterlicher Seite mit den Karolingern verwandte Konrad I. der Rheinfranke 911—918.

1. König **Pipin der Kleine** schützte den Papst Stephan II. gegen den Longobardenkönig Aistulf, welcher Rom belagerte und das umliegende römische Gebiet bereits in Besitz nahm. Pipin, vom Papste zum Schirmherrn oder Patricius der Stadt Rom ernannt, schenkte diesem hierauf das von den Longobarden eroberte griechische Exarchat, d. i. das Gebiet von Ravenna und Ancona. Die Märzfelder verlegte Pipin auf den Anfang des Mai (Maifeld, Campus Madius), um, wenn nöthig, mit seinen Vasallen sogleich in den Krieg ziehen zu können.

Pipin besiegte die Sachsen, eroberte Narbonne, vertrieb die Mauren aus dem südlichen Gallien und brachte die Aquitanier wieder zum Gehorsam. Bei seinem Tode theilte er das Frankenreich unter seine Söhne Karlmann und Karl.

[1]) Diese Regentenreihe trägt ihren Namen von dem berühmtesten Nachkommen Pipins, von Karl dem Großen.

2. **Karl I. der Große.** Nach dem im Jahre 771 erfolgten Tode seines Bruders Karlmann, mit welchem er drei Jahre gemeinschaftlich regiert hatte, wurde Karl der Große Alleinherrscher des fränkischen Reiches, zumal da die Söhne Karlmanns von der Regierung ausgeschlossen wurden. Sein Reich erstreckte sich am Ende seines Lebens vom Ebro in Spanien bis an die Theiß und die Oder im Osten und von Calabrien im Süden bis zur Eider im Norden und umfaßte 26,000 Quadratmeilen. Zu dieser großen Ausdehnung brachte Karl das Reich besonders durch glücklich geführte Kriege und zwar

1) im Jahre 769 unterwarf er Aquitanien durch Besiegung des abtrünnigen Herzogs Hunold;

2) in den Jahren 773—774 brachte er das Longobardenreich mit der Hauptstadt Pavia in seinen Besitz, indem er den Longobardenkönig Desiderius, der auf das päpstliche Gebiet (Kirchenstaat) einen Angriff gemacht hatte, gänzlich besiegte;

3) im Jahre 778 erlangte er für seine dem vertriebenen Statthalter von Saragossa[1] gewährte Hülfeleistung die sogenannte spanische Mark d. i. das Gebiet zwischen dem Ebro und den Pyrenäen in Spanien.

4) er bekämpfte in einem zwei und dreißigjährigen Krieg 772—804 die heidnischen Sachsen, deren vorzüglichste Anführer Wittekind und Alboin (Alf) waren, eroberte ihre Festungen Eresburg[2] und Sigesburg, zerstörte ihr Heiligthum, die Irmensäule, und besiegte sie mehrmals, besonders bei Detmold (Thiodmella) und an der Haase[3] und verpflanzte viele sächsische Familien in andern Gegenden des Frankenreiches[4]. Der Friede mit ihnen wurde zu Salz (der Salzburg[5]) im Jahre 804 geschlossen, und die unterworfenen Sachsen nahmen den christlichen Glauben an.

---

1) In Spanien (Aragonien).

2) Südlich von Paderborn.

3) Nebenfluß der Ems.

4) Daran erinnern noch die Namen: Sachsenhausen, Waldsachsen, Kleinsachsen oder Kleinsassen u. s. w.

5) Siehe oben S. 3, Anmerk. 1.

5) Im Jahre 788 entſetzte er den Bayernherzog Thaſſilo II. (aus dem Stamme der Agilolfinger) wegen Verletzung des Lehenseides auf dem Reichstage zu Ingelheim ſeiner Herzogswürde und ließ Bayern durch eigene Grafen regieren.

6) Nach harten Kämpfen beſiegte er in den Jahren 791—799 die Avaren, die ſich in Niederöſterreich und im angrenzenden Ungarn niedergelaſſen hatten, nahm ihre Ringe[1]) ein und trieb ſie bis über die Raab und Theiß zurück;

7) ein großer Theil der Slaven (die Wilzen)[2]) im Nordoſten erkannten ihn als Oberherrn an, und

8) mit den Normannen[3]) führte er 811 auch Krieg und machte die Eider zur Nordgrenze des Reichs.

Im Jahre 800 am Weihnachtsfeſte ſetzte der Papſt Leo III. zum Danke für den ihm gegen die Aufwiegler (Paſchalis und Campulus) in Rom geleiſteten Schutz Karl dem Großen in Rom die Kaiſerkrone auf und erneuerte ſo die römiſche Kaiſerwürde. Der römiſch-deutſche Kaiſer ſollte in der Chriſtenheit das weltliche Oberhaupt ſein, wie der Papſt das geiſtliche.

Aber nicht bloß nach außen hin ſicherte Karl I. den Beſtand des großen Reiches, auch nach innen ſuchte er es immer mehr zu befeſtigen. Daher

1) beförderte er die chriſtliche Religion, gründete Biſthümer, in Sachſen allein deren acht, wie z. B. Osnabrück, Bremen; ſtiftete Klöſter, Kloſter- und Pfarrſchulen, umgab ſich ſelbſt mit tüchtigen Rathgebern und zog die Gelehrten ſeiner Zeit an ſeinen Hof, ſo den Angelſachſen Alkuin, den Eginhard, ſeinen Geſchichtsſchreiber, Paul Warnefried und andere, pflegte mit ihnen die Wiſſenſchaften und wandte auch ſeine Sorge der deutſchen Sprache zu. Seine Franken ließ

---

[1]) Dieſes waren große Verſchanzungen aus Baumſtämmen, Erde und Mauerwerk.

[2]) Jenſeits der Elbe bis an die Oſtſee im heutigen Mecklenburg. Außer dieſen wohnten im nördlichen und nordöſtlichen Deutſchland von ſlaviſchen Völkerſchaften die Obotriten, die Serben, die Pommern, die Mähren und die Czechen in Böhmen.

[3]) Unter Normannen (Wikinger) verſtand man die Bewohner der ſcandinaviſchen Länder: Schwedens, Norwegens und Dänemarks und der umliegenden Inſeln. Sie waren ſehr verwegene und lange Zeit ſehr gefürchtete Seefahrer.

er im Kirchengesange unterrichten und suchte die Kunst zu heben durch Aufführung großer Bauwerke, wie z. B. seiner Paläste (palatia) oder Pfalzen zu Ingelheim[1]), Aachen[1]) und Nymwegen[1]) und der Marienkirche zu Aachen.

2) Seinen Unterthanen ließ er überall, so weit er es vermochte, Gerechtigkeit angedeihen; er sandte deßhalb zur Handhabung einer geordneten Rechtspflege und zur Ueberwachung der Gerichte angesehene, rechtliche Männer, Sendgrafen (missi dominici) in die verschiedenen Gauen des Reiches. Die höchsten Stellvertreter des Kaisers in Gerichtssachen waren in den verschiedenen Provinzen die Pfalzgrafen (Palatini) d. i. Aufseher der kaiserlichen Burg. Die Markgrafen (marchiones) waren zum Schutze gegen äußere Feinde in den Grenzprovinzen oder Marken bestellt.

3) Zur Leitung der öffentlichen Angelegenheiten wurden zweimal im Jahre Reichstage mit Zuziehung der geistlichen und weltlichen Großen abgehalten, auf denselben Gesetze erlassen und Kriegsunternehmungen beschlossen; zu den Gesetzen mußten die Freien im Reiche ihre Zustimmung geben.

4) Karl I. sorgte aber auch für das materielle (leibliche) Wohl seiner Unterthanen durch Förderung der Landwirthschaft, des Handels und der Gewerbe, und durch Anlegung von Brücken und Straßen[2]).

Nach einer sechs und vierzigjährigen kraftvollen Regierung entschlief der große Karl zu Aachen. Ihm folgte sein von ihm selbst mit der Kaiserkrone geschmückter und später noch vom Papste zu Rheims gekrönter Sohn

Ludwig I. der Fromme. Dieser, ein wohlmeinender und hochgebildeter, aber schwacher Regent, führte im Jahre 817 auf dem

---

1) Ingelheim zwischen Mainz und Bingen (im heutigen Großherzogthum Hessen); Aachen südwestlich von Köln, in der jetzigen preußischen Rheinprovinz; Nymwegen an der Waal in der heutigen holländischen Provinz Geldern.

2) Karl faßte auch den großen Entschluß, den Main mit der Donau durch einen Kanal (fossa Carolina) zu verbinden; allein Naturhindernisse vereitelten seinen Plan, welchen erst Ludwig I., König von Bayern, zur Ausführung brachte.

Reichstage zu Aachen, vorzüglich durch die Geistlichkeit dazu bestimmt, das Erstgeburtsrecht in der karolingischen Herrscherfamilie (Dynastie) ein. Demnach sollte sein Sohn Lothar der Kaiserwürde theilhaftig werden und fast das ganze Reich beherrschen, dagegen die zwei andern Söhne Ludwigs, Pipin und Ludwig, unter ihrem Bruder als Statthalter stehen, und Ludwig Bayern als Königreich, Pipin aber Aquitanien erhalten. Als Ludwig der Fromme später seinem nachgebornen Sohn aus zweiter Ehe, Karl dem Kahlen, auch einen Theil des Reiches zuwenden wollte, so ergriffen die älteren Söhne die Waffen gegen ihren Vater, und sogar sein eigenes Heer ward ihm 833 bei Colmar[1]) auf dem darnach benannten Lügenfelde[2]) treubrüchig und ging zu seinen Söhnen über. Diese nahmen ihn gefangen; er bekam jedoch seine Freiheit wieder und theilte nach seines Sohnes Pipin Tod das Reich unter seine drei noch lebenden Söhne Lothar, Ludwig und Karl dem Kahlen, wobei Ludwig nur Bayern hatte. Bei seinem Ende hinterließ Ludwig der Fromme das Reich in größter Unordnung.

Die Theilung des Reiches durch den Vertrag von Verdun. Kaum war der Vater todt, so stritten die drei Brüder mit einander um die Oberherrschaft, Lothar insbesondere suchte seine Brüder zu entthronen, wurde aber bei Fontenay (Fontanetum)[3]) 841 von ihnen besiegt. Durch den Vertrag von Verdun (Verodunum)[4]), welchen die Brüder 843 mit einander abschlossen, ward dem Streite ein Ende gemacht, und es behielt Lothar den Kaisertitel und Italien und bekam ganz Friesland und noch Mittelfranken, d. i. das Land zwischen dem Rhein und der Aar einerseits und der Maas, Saone und Rhone andrerseits[5]).

---

[1]) An der Ill in Elsaß.

[2]) Vorher das Rothfeld genannt.

[3]) In der Nähe von Auxerre in der Bourgogne in Frankreich.

[4]) An der Maas in Lothringen.

[5]) Lothar I. theilte sein Reich 855 unter seine Söhne, während er selbst Mönch wurde. Sein Sohn Ludwig († 875) erhielt Italien und die Kaiserwürde, sein Sohn Lothar II. 869 das nördliche Mittelfranken oder Lothringen, dagegen sein Sohn Carl († 865) das südliche Mittelfranken oder Burgund.

Ludwig erhielt zu Bayern alle Länder rechts des Rheins (mit Ausnahme Frieslands) und auf dem linken Rheinufer die drei Sprengel Mainz, Worms und Speier und eine Art von Oberhoheit über Mähren und Böhmen.

Karl der Kahle erhielt alles Land westlich der Schelde, der Maas, Saone und Rhone bis zum atlantischen Ocean und den Pyrenäen.

Lothars Reich diesseits der Alpen hieß Lotharingien (Lotharii regnum), Ludwigs Gebiet bekam den Namen Deutschland, und Karls Land den Namen Francien oder Frankreich.

Dritter Abschnitt.

Deutschland vom Vertrag von Verdun bis zum Regierungsantritte Rudolfs I. von Habsburg.

I.

Die letzten Karolinger in Deutschland.

Ludwig II. der Deutsche hatte Kriege gegen die Slaven und Normannen zu führen, welche letztere sogar Hamburg 845 zerstörten. Auch gegen innere Unruhen hatte er öfters zu kämpfen. Als sein Brudersohn Lothar II., der Herr Lothringens oder des nördlichen Mittelfrankens, starb, erhielt Ludwig durch den Vertrag zu Mersen[1]) an der Maas 870 Friesland bis zur Mündung der Maas und Ripuarien[2]) zu beiden Seiten des Rheins, so daß sein Gebiet bis an den Neuenburger und Genfersee in der Schweiz sich erstreckte. Obgleich Ludwig der Deutsche nach dem Tode seines Neffen Ludwig II. das nächste Anrecht auf die Kaiserkrone hatte, so kam ihm doch Karl der Kahle zuvor und ließ sich in Rom

---

[1]) Nordöstlich am Mastricht in der heutigen Niederlande.
[2]) Ripuarien oder Niederlothringen südlich von Friesland.

als Kaiser krönen. Ludwig wollte diesen Betrug rächen, starb aber bald 876 mit Hinterlassung dreier Söhne: Karlmanns, Ludwigs III. und Karls des Dicken. Nachdem die zwei ersten bald mit Tod abgingen, so wurde

Karl III. der Dicke alleiniger Regent von Deutschland. Als nun auch Karl der Kahle, römischer Kaiser und König von Frankreich, starb, so erhielt Karl der Dicke die Kaiserkrone und vereinigte auf kurze Zeit, von 885—887, das ganze Reich Karls des Großen (Deutschland, Frankreich und Italien) unter seiner Herrschaft. Den Normannen, welche rheinaufwärts Alles verwüsteten und auch Paris belagerten, kaufte er den Frieden ab, indem er ihnen Gelder und die Verheerung Burgunds bewilligte. Deßwegen wurde er auf dem Reichstage zu Tribur[1]) 887 von den Deutschen abgesetzt[2]) und als sein Nachfolger in Deutschland sein Neffe

Arnulf I. von Kärnthen zum König der Deutschen erwählt. Er war tapfer und erfocht einen Sieg über die Normannen 891 bei Löwen[3]) an der Dyle. Ebenso kämpfte er auch, von den Ungarn[4]) unterstützt, gegen den aufrührerischen Herzog Swatopluk (Zwentibold) von Mähren, der sich König von Groß-

---

[1]) Auf dem rechten Rheinufer zwischen Mainz und Darmstadt, jetzt Trebern bei Gerau.

[2]) Das Reich Karls des Dicken zerfiel hierauf 888 in vier Theile: in Deutschland, Italien, Frankreich und Burgund. In Frankreich riß Graf Odo oder Eudes die Krone an sich, bekannte sich jedoch als Vasall des deutschen Königs Arnulf. König von Lombardien wurde Herzog Guido von Spoleto, während Berengar von Friaul die Mark Verona behauptete. Graf Boso von Provence stiftete 879 das Königreich Neuburgund oder cisjuranische Burgund (Arelat), während 888 Graf Rudolf im transjuranischen Burgund (Hochburgund zwischen dem Jura und den Alpen) sich zum Könige aufwarf. Rudolfs Sohn, Rudolf II., vereinigte 933 ganz Burgund oder Arelat unter seiner Herrschaft. Im Jahre 1032 wird Burgund mit dem deutschen Reiche verbunden.

[3]) Im heutigen Königreich Belgien, östlich von Brüssel.

[4]) Die Ungarn (Magyaren), ein um die Wolga und dem Ural wohnendes, wahrscheinlich finnisches Volk, hatten am Anfange des 9. Jahrhunderts zwischen dem Dnieper und der Donaumündung Wohnsitze, bis sie später von Siebenbürgen und der Walachei aus sich allmählig über das Land zwischen der Theiß und der Raab ausbreiteten.

mähren nannte, und dessen Söhne, ohne jedoch große Erfolge zu erzielen. Zweimal zog Arnulf nach Italien und erlangte in Rom die römische Kaiserkrone. Auf ihn folgte sein unmündiger Sohn

Ludwig IV. das Kind, welchem der staatskluge Erzbischof Hatto von Mainz und der Herzog Otto der Erlauchte von Sachsen zur Seite standen. Um diese Zeit erschienen die Ungarn, welche Mähren unterworfen hatten, wiederholt in Sachsen und Bayern, verheerten Alles und kehrten beutebeladen heim. Zwar schlug der tapfere Markgraf von Ostbayern, Luitpold der Schyre[1]) dieselben einmal zurück, aber in einer dreitägigen Schlacht bei Preßburg (Vratislawia) 907 erlag er und das ganze Heer. Die Ungarn drangen nun nach Thüringen und Alamannien (Schwaben) und Ludwig mußte ihnen Tribut zahlen. Mit Ludwig[2]) erlosch das karolingische Haus in Deutschland[3]), und Deutschland wurde ein Wahlreich.

König Konrad I. der Rheinfranke. Dieser wurde in Forchheim[4]) zum deutschen Könige gewählt. Um das Reich, welches sich in lauter Herzogthümer aufzulösen schien, wieder herzustellen, verfuhr er mit aller Strenge gegen jene, die ihn als Oberherrn nicht anerkennen wollten, wie die Sachsen, Bayern und Alamannen. Zweimal versuchte er auch Lothringen, dessen sich 911 Frankreich bemächtigt hatte, wieder zu gewinnen, aber ohne Erfolg; nur Elsaß konnte er behaupten. Unterdessen brachen auch die Ungarn wieder verheerend in Deutschland ein, wurden aber vom Herzog Arnulf von Bayern, dem Sohne Luitpolds des Schyren, in

---

[1]) Der Stammvater des Hauses Wittelsbach, welches im Jahre 1180 die bayerische Herzogswürde erhielt. Das Schloß und spätere Benidictinerkloster Scheyern zwischen München und Ingolstadt, im heutigen Oberbayern.

[2]) Weder Ludwig das Kind, noch die zwei folgenden Könige Deutschlands, Konrad I. und Heinrich I., hatten die deutsche Kaiserkrone.

[3]) In Frankreich regierten die Karolinger vom Vertrag von Verdun an noch 144 Jahre, also bis zum Jahre 987, in welchem der letzte Karolinger, Ludwig der Faule starb. Dann bestieg mit Hugo Capet das Haus der Capetinger, aus dem alle nachfolgenden französischen Könige hervorgingen, den Thron von Frankreich.

[4]) Im heutigen Oberfranken zwischen Bamberg und Nürnberg.

Verbindung mit den Alamannen bei Passau am Inn 913 ge=
schlagen. Der edle Konrad, nur auf des Reiches Wohlfahrt, nicht
auf den Glanz seines eigenen Hauses bedacht, empfahl sterbend
seinem Bruder und den deutschen Großen den Herzog Heinrich von
Sachsen zu seinem Nachfolger, welchem Wunsche auch entsprochen
wurde.

Die deutschen Herzogthümer gegen das Ende des neunten Jahrhunderts.

1. Das Herzogthum **Alamannien** oder **Schwaben** (seit den
Zeiten Pipins und Karls des Großen) dehnte sich zwischen dem
Lech und der Wernitz, dem Jura, den Vogesen und Alpen aus, und
umfaßte sohin außer Theilen vom heutigen Bayern, Würtemberg
und Baden auch einen Theil der Schweiz und das Elsaß.

2. Das Herzogthum **Bayern** mit K ä r u t h e n war eines der
größten Herzogthümer; es erstreckte sich vom Lech bis zur March
nördlich der Donau und bis zum Kahlenberg südlich der Donau.
Im Süden grenzte es an die Alpen und theilweise an das adria=
tische Meer. Das Land östlich der Enns zu beiden Seiten der Do=
nau hieß die h u n n i s c h e M a r k oder die O s t m a r k (Oestreich) mit
eigenen unter den bayerischen Herzogen stehenden Markgrafen.

3. Das Herzogthum **Franken** begriff das Land östlich vom
Rhein bis zu den Quellen des Mains und nördlich bis zur Un=
strut, der Diemel [1]) und Eder [2]), südlich über den Neckar bis zur
Enz [3]), und auf dem linken Rheinufer die Gaue von der Lauter
bis über die Nahe. Dies letztere Gebiet links des Rheins nebst
den unmittelbar am Rhein liegenden Gauen hieß R h e i n = oder
W e s t f r a n k e n; von diesen östlich lag O s t f r a n k e n oder F r a n =
c o n i e n (wozu auch Südthüringen bis zur Unstrut gerechnet
wurde).

4. Das Herzogthum **Sachsen** grenzte südlich an das Herzog=
thum Franken und ging nördlich an die Ems, die Weser und die
Ostsee, gegen Osten schied theilweise die Elbe von den slavischen

---

[1]) Nebenfluß der Weser von links.
[2]) Sie gehört gleichfalls zum Flußgebiet der Weser und mündet zunächst in
die Fulda.
[3]) Nebenfluß des Neckar.

Stämmen, im Westen ging es bis zur Ruhr und Lippe. Sachsen zerfiel: 1) in Ostphalen mit Nordthüringen und Nordalbingien; 2) in Engern und 3) in Westphalen. — Ostfriesland bis zur Yssel wurde auch später zu Sachsen gerechnet, während Westfriesland

5. zu dem Herzogthum Lothringen gezählt wurde. Lothringen grenzte im Norden an die Yssel, östlich ging es bis zur Lippe und Ruhr, südlich stieß es an Burgund, westlich an Frankreich bis zur Marne und Schelde.

II.

Die sächsischen Kaiser 919—1024.

Heinrich I. der Vogelsteller 919—936.
Otto I. der Große 936—973.
Otto II. der Rothe 973—983.
Otto III. 983—1002.
Heinrich II. der Heilige 1002—1024.

König Heinrich I. der Vogelsteller (auceps) brachte es durch Klugheit und Thatkraft allmählig dahin, daß er im deutschen Reiche überall als Oberhaupt anerkannt wurde. Er unterwarf die Alamannen, verglich sich mit Herzog Arnulf von Bayern, brachte auch Lothringen wieder an das Reich, das nun bis 1738 bei Deutschland verblieb[1]). Die slavischen (wendischen) Völkerschaften, wie die Haveller, Daleminzier, Lausitzer[2]) und andere besiegte er und errichtete gegen sie die Mark Meißen (im heutigen Königreich Sachsen) 929, und die Mark Nordsachsen (Brandenburg) 930. Die Herzoge von Böhmen mußten den deutschen König als Oberlehensherrn anerkennen. Gegen die Dänen errichtete er 931 die Mark Schleswig zwischen Elber und Schlei.

---

[1]) Siehe unten den IV. Abschnitt: „Die Schweden in Deutschland und der polnische Thronfolgekrieg“.

[2]) Die Haveller wohnten an der Havel (Nebenfluß der Elbe), im Brandenburgischen, die Daleminzier im Südosten der Elbe in der Nähe des Erzgebirgs, die Lausitzer saßen nordöstlich von der Elbe.

Die Ungarn waren wiederholt verheerend in Deutschland eingebrochen; da schloß Heinrich I. einen neunjährigen Waffenstillstand mit ihnen und zahlte ihnen Tribut. Während dieser Zeit legte er zur Vertheidigung des Landes in Sachsen und Thüringen Burgen an, woraus Städte wurden, führte den Reiterdienst ein, und schuf aus Freibeutern ein stehendes Heer, die Merseburger Schaar. So gerüstet, verweigerte Heinrich den Ungarn nach Ablauf des Waffenstillstandes den Tribut. Und als diese nachher mit einem großen Heere in Sachsen einfielen, schlug sie Heinrich bei Riâdt¹) an der Unstrut 933.

Den Zug nach Italien zum Empfang der Kaiserkrone konnte er Krankheits halber nicht mehr unternehmen; der Tod ereilte ihn zu Memleben an der Unstrut. Ihm folgte auf dem Throne durch die Wahl der deutschen Völker sein zu Aachen gekrönter Sohn, der großmüthige, tapfere und ritterliche

Otto I. der Große. Seine Regierung begann er mit einem Kampfe gegen die aufrührerischen Böhmen, die er 950 unterwarf; die slavischen Völker jenseits der Elbe bis zur Oder nöthigte er nach und nach zum Gehorsam. Der Dänenkönig Harald, der die Mark Schleswig angegriffen hatte, und der Herzog von Polen erkannten die Oberherrlichkeit des deutschen Herrschers an und beide wurden Christen. Auch Burgund huldigte dem Kaiser. Zur Befestigung seiner Herrschaft gegen die Slaven legte Otto Marken an, und zur Ausbreitung des christlichen Glaubens stiftete er viele Bisthümer, wie das Erzbisthum Magdeburg mit den Bisthümern Merseburg, Posen und andern, sowie die Bisthümer Schleswig, Ripen und Aarhus²).

Im Innern des Reiches dämpfte Otto die Unruhen der sich auflehnenden Bayern, Franken und Lothringer, verzieh seinen Brüdern, die sich gegen ihn empört hatten, und gab dem einen derselben, Heinrich, 948 sogar das Herzogthum Bayern. Als im Jahre 955 ein zahlreiches Ungarnheer in Bayern einfiel, so errang er, besonders unterstützt von dem heiligen Bischof Ulrich von Augsburg, den 10. August auf dem Lechfeld bei Augsburg

---

¹) Die genauere Lage dieses Ortes ist unbekannt.

²) Ripen und Aarhus liegen in Jütland; dieses im Osten, jenes im Westen.

einen so entscheidenden Sieg über die Magyaren, daß Deutschland von nun an vor ihren Einfällen Ruhe hatte.

Drei Züge unternahm Otto I. nach Italien; den ersten 951, den zweiten 961—965 und den dritten 966—972.

1. Der erste Zug. Nach dem Tode Lothars, des Königs von Italien, empfing Berengar II., Markgraf von Jvrea¹), die lombardische Krone und nahm seinen Sohn Adalbert zum Mitregenten an; seinem Wunsche gemäß sollte die reiche und tugendhafte Wittwe Lothars, Adelheid, eine burgundische Prinzessin, seinen Sohn Adalbert ehelichen. Adelheid, die sich dessen weigerte, wurde gefangen und hart bedrängt. Auf die Kunde hievon eilte Otto I. nach Italien, die lombardischen Städte öffneten ihm ihre Thore und Otto nahm den Titel „König der Lombarden" und „König von Italien" an. Die befreite Adelheid wurde dann mit Otto dem Großen vermählt. Später 952 erhielt auf einem Reichstage zu Augsburg Berengar Lombardien als deutsches Lehen zurück.

2. Der zweite Zug (Römerzug). Schon 956 zog Otto's Sohn Liudolf gegen den treulosen und tyrannischen Berengar, welcher seinem deutschen Lehensherrn den Gehorsam versagte und auch Rom bedrohte, nach Italien und gewann die ganze Lombardei; Otto zog dann selbst 961 nach Italien und empfing 962 zu Rom die römische Kaiserkrone. Berengar und seine Gemahlin Willa wurden 964 gefangen und starben zu Bamberg.

3. Der dritte Zug. Unruhen in Oberitalien und in Rom nöthigten den Kaiser alsbald zur dritten Heerfahrt über die Alpen. Nachdem er die Ruhe daselbst wieder hergestellt, unterwarf er die Herzoge von Benevent und Salerno in Unteritalien seiner Lehensherrschaft und vermählte seinen Sohn Otto II. 972 mit der byzantinischen Prinzessin Theophano, der Tochter des griechischen Kaisers Romanus II. So wurde Otto I. der Oberherr eines Gebietes, dessen Grenzen im Süden bis nach Calabrien, im Osten bis an die Oder und Weichsel, im Norden bis tief nach Jütland und an die Ostsee und im Westen über die Vogesen bis zu 'den Quellen der Maas sich erstreckten. Otto der Große starb zu Memleben. Sein Sohn

---

¹) Die Mark Jvrea lag in Oberitalien, im Norden von den Alpen, im Süden vom Mittelmeer, im Westen von Niederburgund begrenzt.

Otto II. der Rothe war schon mit 14 Jahren in Rom zum Kaiser gekrönt worden. Die Ansprüche des französischen Königs Lothar auf Lothringen wies Otto II. kräftig zurück und drang sogar mit seinem Heere bis nach Paris vor. Siegreich kämpfte Otto auch in Polen.

Um Apulien und Calabrien in seinen Besitz zu bekommen, welches die Sarazenen eingenommen hatten, ging Otto 950 nach Unteritalien, nahm Apulien, Neapel und Salerno und besiegte die Saracenen in einer Schlacht bei Colonne oder Cotrone in Calabrien; sein Heer wurde aber kurz darauf durch einen ihm gestellten Hinterhalt fast ganz aufgerieben, während er sich nur durch Schwimmen retten konnte. Unterdessen sann er darauf, diese Niederlage zu rächen, starb aber bald, 28 Jahre alt, zu Rom. Sein Sohn

Otto III., von den berühmtesten Gelehrten, besonders von Gerbert von Rheims gebildet, stand Anfangs unter der Vormundschaft seiner Mutter Theophano, dann unter der Leitung seiner Großmutter Adelheid. Drei Züge unternahm Otto III. nach Italien; während seines ersten 996 erwählten die Römer auf seine Empfehlung den ersten Deutschen, Namens Bruno, zum Papste, welcher sich Gregor V. nannte. Dieser krönte hierauf Otto zum römischdeutschen Kaiser. Kaum war Otto nach Deutschland zurückgekehrt, so empörten sich die Römer unter Crescentius gegen den Papst Gregor, welcher sich flüchten mußte; da brach der Kaiser schnell nach Rom auf, ließ Crescentius enthaupten, und der Papst kehrte nach Rom zurück. Otto ging nun mit dem Gedanken um, das alte Römerreich wieder herzustellen, und zur Verwirklichung dieses Planes zog er zum dritten Male nach Rom; allein eine weitere dort ausgebrochene Empörung nöthigte ihn zum Abzug und nicht lange darauf starb er an einem Fieber zu Paterno [1]), noch nicht 22 Jahre alt.

Heinrich II. der Heilige, ein Urenkel Heinrichs des Vogelstellers und Herzog von Bayern, suchte die königliche Gewalt in Deutschland dadurch zu heben, daß die erledigten Bisthümer und Abteien an tüchtig gebildete, ihm treu ergebene Männer kamen. Er war ein weiser, frommer und tapferer Herrscher. Seine Regie-

---

[1]) Bei Sutri, nordwestlich von Rom.

rung verlief unter steten Kämpfen. Den Polenherzog **Boleslav Chrobry**, der Böhmen angriff, zwang er zur Anerkennung der deutschen Oberhoheit; dann zog Heinrich nach Italien und vertrieb den Markgrafen **Arduin** von **Jvrea**, der sich zum König von Italien aufgeworfen hatte, und empfing zu Pavia die eiserne Krone. Kaum aber war Heinrich nach Deutschland zurückgekehrt, so sammelte sich auch wieder Arduin einen Anhang und Heinrich mußte zum zweiten Male über die Alpen steigen. Arduin wurde endlich von seinen Anhängern verlassen und trat später in ein Kloster. Auf diesem zweiten Zuge erhielt Heinrich mit seiner Gemahlin Kunigunde in Rom die Kaiserkrone. Auf einem dritten Zuge über die Alpen drang er nach Unteritalien, welches von den Griechen bis vor die Mauern Roms genommen war, siegreich vor, unterstützt von einer Schaar pilgernder **Normannen**, und ließ sich als Oberherrn huldigen. Viele Städte Apuliens gab er den Normannen unter den von ihm aufgestellten Grafen zur Vertheidigung.

Der kinderlose König **Rudolf** III. von Burgund räumte seinem Neffen Heinrich II. die Nachfolge in seinem Reich (dem Königreich Arelat) ein; doch trat Heinrich der Heilige, das Erbe nicht mehr an; der Tod ereilte ihn zu Grona in Sachsen und sein Leib wurde in Bamberg, wo er ein Bisthum 1007 gestiftet hatte, bestattet. Durch die Wahl der deutschen Großen kam das salische Haus zur Regierung in Deutschland.

III.

Die fränkischen oder salischen Kaiser 1024—1125.

1. Konrad II. der Salier 1024—1039.
2. Heinrich III. der Schwarze 1039—1056.
3. Heinrich IV. 1056—1106.
   Seine Gegenkönige:
4. Rudolf von Schwaben 1077—1080 und
5. Hermann von Salm-Luxemburg 1081—1088.
6. Heinrich V. 1106—1125.
   An sie schließt sich an:
7. Lothar III. von Sachsen 1125—1137.

Konrad II. der Salier, 1027 in Rom zum Kaiser gekrönt, brachte die Polen, Ungarn und Böhmen zum Gehorsam und vereinigte nach dem Tode Rudolfs III. von Burgund das Königreich Arelat 1032 mit Deutschland, während er die Mark Schleswig dem Dänenkönig Kanut dem Großen abtrat; so wurde die Eider wieder die nördliche Reichsgrenze. Auf einem zweiten Zuge nach Unteritalien stellte er dort die deutsche Oberherrschaft wieder her.

Konrad II. bestätigte in Burgund (Arelat) den sogenannten Gottesfrieden (Treuga Dei), nach welchem von Mittwoch Abends bis Montag früh, sowie in der Advents- und Fastenzeit und an hohen Festtagen jeder Kampf bei Strafe des Kirchenbannes verboten war. Konrad starb 1039 zu Utrecht am Rhein und sein Leichnam wurde in dem von ihm erbauten Dom zu Speyer beigesetzt. Ihm folgte in der königlichen Würde sein Sohn

Heinrich III. der Schwarze. Nach Unterwerfung der aufrührerischen Böhmen erweiterte er durch einen Sieg über die Magyaren das Reich im Osten bis zur Leitha[1]), und brachte, jedoch nur auf kurze Zeit, Ungarn an Deutschland, so daß die Ostgrenze des Reiches bis zum Bug[2]) und zu den Quellen der Marosch[3]) in Siebenbürgen und die Westgrenze bis über die Rhone und Saone sich ausdehnte.

In Rom stritten damals mehrere um die päpstliche Würde; da zog Heinrich nach Italien und ernannte den Bischof Suidger von Bamberg zum Papste; dieser, Clemens II. genannt, krönte Heinrich und seine Gemahlin Agnes. Nach dem Tode Clemens II. griff Heinrich noch mehrmals in die kirchlichen Angelegenheiten ein, das Ansehen des heiligen Stuhles sollte wieder hergestellt werden, jedoch nur unter kaiserlicher Oberhoheit. Auf einem zweiten Zuge nach Italien trat er mit Papst Victor II.[4]) eifernd gegen die Simonie (d. i. den Verkauf geistlicher Würden), und andere Mißbräuche auf, die sich allmählig in das kirchliche Leben eingeschlichen hatten.

---

[1]) Nebenfluß der Donau im westlichen Ungarn.
[2]) Er entspringt in Galizien und mündet im Polnischen in die Weichsel.
[3]) Die Marosch oder Maros geht in die Theiß.
[4]) Dieser, aus dem Geschlechte der Herren von Calw, war früher unter dem Namen Gebhard Bischof von Eichstädt (Eichstätt).

Er starb im 39. Jahre seines Lebens zu Bodfeld am Harz. Unter der Vormundschaft des von ihm noch bestellten Erzbischofs Hanno von Köln folgte ihm sein unmündiger Sohn

Heinrich IV. Die Mutter des jungen Königs, Agnes, welche auch Antheil an der Regierung hatte, suchte allmählig den Erzbischof Hanno davon zu verdrängen. In kurzer Zeit aber wurde sie von den Staatsgeschäften, als denselben nicht gewachsen, ausgeschlossen, und Hanno, welcher den jungen König nach Köln hatte bringen lassen, führte von Neuem die Reichsverwesung; den jungen Heinrich hielt er in strenger Zucht. Bald aber erlangte während Hanno's Reise nach Italien Adalbert, Erzbischof von Bremen, durch seine große Nachsicht einen bedeutenden Einfluß auf den jungen König, da unterdessen auch Graf Werner, der Erzieher desselben, allen Neigungen Heinrichs die Zügel schießen ließ. Adalbert gab dem fünfzehnjährigen Jünglinge die Schwertleite und machte ihn auf solche Weise mündig und zum Regieren fähig.

Heinrich wollte nun mit schrankenloser Macht regieren. Vor Allem verfuhr er mit den Sachsen hart. Er entsetzte den vor Kurzem zum Bayernherzog ernannten Sachsen Otto von Nordheim[1]) seines Herzogthums und gab es dem Welf von Altorf[2]), dem Sohn des Markgrafen Azzo von Este in der Lombardei. Den Herzog Magnus, den Verbündeten Ottos hielt er mit andern sächsischen Großen gefangen und nach dem von Heinrich zu Goslar[3]) gegebenen schlimmen Beispiele bedrückten und behandelten seine Kriegsmannen in den von ihm in Sachsen und Thüringen erbauten Burgen auf die schmachvollste Weise das Sachsenvolk. Die Sachsen empörten sich gegen den König, nöthigten ihn zur Flucht und zerstörten seine Schlösser. Heinrich schlug sie hierauf bei Langensalza[4]) nicht weit von der Unstrut und ließ an ihnen später auf jede Weise seine Rache aus.

1) An der Ruhme, nördlich von Göttingen, im heutigen Königreich Hannover.

2) Zwischen Ravensburg und Bieberach im Donaukreis des heutigen Königreichs Würtemberg.

3) An der Gose, südlich von der Stadt Braunschweig, im heutigen Königreich Hannover.

4) Nördlich von Gotha, in der preußischen Provinz Sachsen.

Während Heinrich auch offene kirchliche Aemter verhandelte oder an Unwürdige vergab, ward um diese Zeit in Rom Cardinal Hildebrand, früher Mönch in Clugny [1]), zum Papste gewählt und von Heinrich bestätigt. Gregor VII., (so nannte sich der neue Papst), begann vor Allem den Kampf gegen die Simonie, welche in Italien, Frankreich und Deutschland eingerissen war. Dann schärfte er den Clerikern (Geistlichen) ein, nach den frühern Verordnungen der Kirche unverehelicht zu bleiben, um so mit ungetheiltem Herzen dem Dienste der Religion sich hingeben zu können. Zugleich drohte er mit dem Kirchenbann allen Geistlichen, welche sich eine kirchliche Würde von weltlichen Fürsten und Herren mittelst des Ringes und Stabes, des Sinnbilds der geistlichen Gewalt, übertragen ließen (Investiturstreit).

Heinrich, der sein simonistisches Treiben fortsetzte, berief, über dieses Auftreten Gregors sehr erbittert, eine Synode von Bischöfen nach Worms und ließ durch diese den Papst absetzen. Gregor hingegen schloß ihn aus der Kirchengemeinschaft aus und sprach die Unterthanen desselben vom Eid der Treue los. Da entschieden die zu Tribur versammelten deutschen Fürsten und Bischöfe, Heinrich solle sich innerhalb Jahresfrist vom Banne befreien, widrigenfalls er die Krone verwirke. Heinrich versprach es, und eilte heimlich über die Alpen, um von Gregor Lossprechung zu erhalten. Gregor weilte gerade im festen Schlosse zu Canossa (Canusia) [2]), dem Sitze der Gräfin Mathilde von Tuscien [3]) und nachdem Heinrich harte Buße gethan, ward er vom Banne losgesprochen und gelobte, sich dem Urtheile des Papstes und der Fürsten zu fügen, die auf dem Reichstage zu Augsburg untersuchen würden, ob er fernerhin König sein solle. Allein den Salier reute bald sein Versprechen. Indessen wählten die deutschen Fürsten, weil sie von Heinrich doch keine Aenderung seiner früheren Gesinnungen erwarteten, seinen Schwager Herzog Rudolf von Schwaben auf dem

---

[1]) In der Bourgogne, nordwestlich von Lyon, im heutigen Frankreich.

[2]) Westlich von Modena in Oberitalien.

[3]) Das Gebiet Mathildens erstreckte sich von Lucca und Pistoja im Süden bis nach Mantua und zur Mündung der Etsch im Norden, und grenzte theils an das tyrrhenische, theils an das adriatische Meer.

Reichstage zu Forchheim zum König. In Folge dessen brach ein verheerender Bürgerkrieg in Deutschland aus; viele Städte waren für Heinrich, während die Großen für Rudolf waren. Heinrich nahm Bayern dem Welf, und Schwaben seinem Gegenkönig Rudolf, und verlieh letzteres seinem treuen Anhänger Friedrich von Staufen[1], dem Vater des nachmaligen Kaisers Konrad III. Bei Mellrichstadt[2] an der Streu kam es 1078 zwischen Rudolf und Heinrich zur Schlacht, doch blieb sie unentschieden. Rudolf siegte später zweimal, starb aber bei einer dritten Schlacht an der erhaltenen Wunde.

Weil Heinrich fortfuhr, die rechtmäßigen Bischöfe von ihren Stühlen zu vertreiben, so ward über ihn und seine Anhänger wiederholt der Bann ausgesprochen. Heinrich suchte sich dadurch an Gregor zu rächen, daß er einen Gegenpapst Clemens III. in der Person des excommunicirten Patriarchen Wibert von Ravenna aufstellte. Er eilte dann nach Italien, um dort mit seinen Gegnern fertig zu werden, nahm Rom nach mehrjähriger Belagerung ein und ließ sich von seinem Papste Clemens zum Kaiser krönen, Gregor VII., der sich in die Engelsburg geflüchtet hatte, wurde durch den kühnen Normannen Robert Guiskard befreit und zog sich nach Salerno[3] zurück, wo er 1085 starb. Während Heinrichs Abwesenheit in Deutschland wählten Welf und die Schwaben einen neuen Gegenkönig, den Grafen Hermann von Salm-Luxemburg, welcher mit Herzog Welf in der Schlacht bei Pleichfeld (unweit Würzburg) 1086 Heinrich nebst Friedrich von Schwaben schlug. Hermann dankte jedoch bald ab und starb nicht lange darauf.

Während sich in Deutschland wieder Vieles zu Gunsten Heinrichs wendete, zog er zum dritten Male nach Italien, um seinen Afterpapst Wibert zu unterstützen, erhielt aber bei Canossa 1092

---

[1] Die Ruinen der ehemaligen Burg Staufen oder Hohenstaufen liegen im Donaukreis des heutigen Königreichs Würtemberg, östlich von Stuttgart und südlich von Gmünd; etwas nordwestlich von Staufen liegt Waiblingen, das gleichfalls dem Geschlechte der Staufen gehörte, daher sie auch Waiblinger oder Ghibellinen hießen.

[2] Im nördlichen Theile Unterfrankens.

[3] Am Meerbusen gleichen Namens, südöstlich von Neapel.

eine furchtbare Niederlage. Sein eigener Sohn Konrad, den er damals in Italien als Statthalter zurückgelassen, fiel von ihm ab und ließ sich zum König von Italien krönen; er wurde dann von der Regierungsnachfolge in Deutschland ausgeschlossen, und sein Bruder Heinrich in Aachen als künftiger Nachfolger Heinrich IV. gekrönt. Allein auch dieser sagte sich von seinem Vater los, zwang ihn zur Abdankung und wurde zu Ingelheim von Neuem zum Könige gewählt.

Heinrich IV. starb 1106 auf der Flucht in Lüttich an der Maas und wurde, nachdem der Bannfluch von ihm gelöst war, im Dom zu Speyer 1111 begraben.

Das deutsche Reich ward während der Regierung Heinrichs IV. vielfach geschmälert. Die Ungarn, Dänen und Polen, die die deutsche Oberherrschaft anerkannt hatten, rissen sich von derselben los. In Burgund machten sich kaiserliche Statthalter erblich, wie in Savoyen, in der Provence u. s. w. In Italien lösten sich Neapel, sowie Stücke von der Lombardei vom deutschen Reichsverbande los.

Während der Regierung Heinrichs IV. wurde auch der erste Kreuzzug nach Palästina unternommen, von welchem Seite 45—47 die Rede ist.

Heinrich V. zwang durch einen Feldzug die Polen wieder zur Entrichtung eines Tributs. Alsbald kam es zwischen ihm und dem Papste Paschalis II. zum Streit wegen der Investitur. Er zog nach Italien, zwang den Papst zur Abtretung der Investitur und dieser krönte ihn hierauf zum Kaiser. Der Papst aber widerrief nach dem Abzuge Heinrichs aus Rom die von ihm geschehene Verzichtleistung auf die Investitur als ungerecht erzwungen und excommunicirte Heinrich. Hierauf hatte Heinrich mehrere blutige Kämpfe mit den Sachsen unter ihrem Herzog Lothar zu bestehen und nur in Süddeutschland hatte er noch einen Anhang. Der Kaiser unternahm zwar einen zweiten Zug nach Italien, allein das Einverständniß zwischen ihm und dem Papste wurde dadurch nicht hergestellt. Erst auf dem Reichstage zu Worms am Rhein 1122 ward der fünfzigjährige Investiturstreit beendet und es kam zwischen Heinrich und dem Papste Calixtus II. ein Vergleich — das Wormser Concordat — zu Stande, dem zufolge die geistliche Investitur mit

Ring und Stab der Papst ausübte, dagegen der Kaiser die Belehnung mit den weltlichen Gütern, welche mit den Bisthümern und
Abteien verbunden waren, mittelst des Scepters vornehmen sollte.

Mit Heinrich V. erlosch das Geschlecht der fränkischen oder
salischen Kaiser.

Lothar III. von Sachsen. Unter den vier von den deutschen
Fürsten für die Königswürde Vorgeschlagenen wurde Herzog Lothar
von Sachsen als Lothar III. zum Könige erwählt, wiewohl der
Staufer Friedrich von Schwaben ganz sicher auf die Krone
gerechnet hatte.

Lothar, ein Feind jeder Gewaltthat und ein Schirmer der
Kirche, gewann eine mächtige Stütze an dem Welfen Heinrich
dem Stolzen, Herzog von Bayern, und an dem Herzog Konrad
von Zähringen[1]). Jenem gab er seine Tochter zur Ehe und
belehnte ihn mit dem Herzogthum Sachsen, diesem übertrug er
die Verwaltung Burgunds. Mit den Staufern Friedrich und
Konrad von Schwaben, welche das an sich gezogene Reichsgut
nicht zurückgeben wollten, führte Lothar und seine Getreuen einen
langwierigen Krieg, bis endlich im Jahre 1135 Friedrich und Konrad sich unterwarfen, aber im Besitze ihrer Würden blieben. Die
erledigte Markgrafschaft Meißen erhielt Konrad (der Große) von
Wettin[2]), der Begründer der sächsischen Dynastie[3]), während
Graf Albrecht der Bär von Ascanien[4]), der Ahnherr des Hauses Anhalt, mit der Nordmark oder Nordsachsen belehnt wurde 1132.
Zweimal zog Lothar nach Italien; auf dem ersten Zuge erhielt er
die römische Kaiserkrone. Auf dem zweiten drang er bis nach Apulien vor, das ihm auch huldigte. Auf dem Rückweg nach Deutsch-

---

[1]) Die Burg Zähringen lag nördlich von Freiburg im Breisgau, im heutigen Großherzogthum Baden.

[2]) An der sächsischen Saale, zum heutigen Königreich Preußen gehörig.

[3]) Die Nachkommen Konrads von Wettin, Ernst und Albrecht, stifteten
1485 die nach ihnen benannten Linien: a) die ernestinische oder die Linie
Sachsen-Wittenberg, welche die Kurwürde bis zum Jahre 1547 hatte; b) die
albertinische Linie oder die Linie Sachsen-Dresden, an welche im Jahre 1547
die sächsische Kurwürde überging.

[4]) Ascanien in der Nähe von Aschersleben an der Wipper, im heutigen
Königreich Preußen, Provinz Sachsen.

land ſtarb er; ſein Leichnam wurde im Kloſter Königslutter[1]) beigeſetzt.

Ausbreitung des Chriſtenthums ſeit dem neunten Jahrhundert. Zur Zeit des Kaiſers Ludwig des Frommen hatte der heilige Anſchar das Bisthum Hamburg gegründet und ſeine Miſſions= reiſen bis nach der däniſchen Halbinſel Jütland ausgedehnt. Cyrillus und Methodius bekehrten die Mähren, und von Bayern aus kam das Chriſtenthum zu den Böhmen. Im zehnten Jahrhundert nahmen die Ungarn und Polen den chriſtlichen Glau= ben an; bei den erſteren war der Biſchof Piligrin von Paſſau beſonders thätig. Der heilige Otto, Biſchof von Bamberg, ver= kündete das Evangelium im Lande der Pommern, von wo aus das= ſelbe nach Mecklenburg, der Inſel Rügen und nach Holſtein ſich verbreitete. Die heidniſchen Preußen wurden erſt durch die Be= mühungen des Deutſchherrenordens zur Annahme des Chri= ſtenthums gebracht.

Vom zehnten bis zum dreizehnten Jahrhundert waren mehrere kirchliche Orden entſtanden, welche außer den ſeit dem 6. Jahr= hundert ſegensreich wirkenden Benedictinern ſich um das gei= ſtige und materielle Wohl Deutſchlands gleichfalls ſehr verdient ge= macht haben. Es ſind: 1. Die Cluniacenſer in der Bourgogne oder Burgund; 2. die Carthäuſer; 3. die Ciſterzienſer; 4. die Prämonſtratenſer; 5. die Carmeliten; 6. die Dominikaner; 7. die Franziskaner; 8. die Auguſtiner.

Wiſſenſchaften und Künſte fanden vor Allem in den Klöſtern ihre Pflege und Fortbildung. Fleißige Mönche ſchrieben die Werke der Alten ab und erhielten ſie ſo der Nachwelt. Beſonders durch die Kreuzzüge erhielten die Wiſſenſchaften und Künſte einen gewal= tigen Aufſchwung, und fanden auch in den aufblühenden Städten Eingang. Univerſitäten wurden geſtiftet, das Studium der Alten von Neuem eifrig betrieben, Bibliotheken angelegt, und ſeit der Er= findung der Buchdruckerkunſt im fünfzehnten Jahrhundert wurden die wiſſenſchaftlichen Errungenſchaften zum Gemeingut Aller gemacht.

---

[1]) Zwiſchen Helmſtädt und Braunſchweig.

Unter den Künsten blühten besonders die Dichtkunst, die Baukunst, die Malerei, die Holzschnitzkunst. Noch jetzt zeugen die uns erhaltenen Denkmäler jener Zeit, wie z. B. die prachtvollen gothischen Dome, von dem tiefen Kunstsinn unserer Vorfahren.

Als einige der namhaftesten Dichter sind zu nennen: Heinrich von Veldeck, Walter von der Vogelweide (Würzburg), Wolfram von Eschenbach [1]) (im heutigen Mittelfranken), Hartmann von der Aue (Thüringen), Konrad von Würzburg, Gottfried von Straßburg und Hugo von Trimberg (ob der fränkischen Saale). Unter den Malern aus dem fünfzehnten und sechzehnten Jahrhundert verdienen einer vorzüglichen Erwähnung Holbein der Aeltere, Albrecht Dürer von Nürnberg und Lukas Kranach.

Deutschlands Staatsverfassung nach dem Tode Karls des Großen. Gegen das Ende der karolingischen Zeit wurden die Reichswürden, wie z. B. die herzogliche, pfalzgräfliche, in einer Familie erblich, wiewohl der Inhaber eines solchen Amtes sich vom Kaiser belehnen lassen mußte. Wurde ein Herzog zum Kaiser erwählt, so übertrug er sein Herzogthum einem seiner Getreuen als Lehen. Dies geschah bis gegen das Ende des dreizehnten Jahrhunderts. Seit dieser Zeit strebten die deutschen Fürsten darnach, ihre erblichen Besitzungen mit erledigten Reichslehen, oder auf andere Weise, zu vergrößern.

Das Gerichtswesen, so wie es Karl der Große eingeführt hatte, kam allmählig in Verfall, und dazu trugen die vielen Kriege der deutschen Kaiser, ihre öftere Abwesenheit von Deutschland und innere Fehden das Meiste bei. Es entwickelte sich der Zustand des Faustrechts, welches oft in das Recht des Stärkeren über den Schwächeren ausartete. Den Fehden der Großen einigermaßen Einhalt zu thun, kam durch die Bemühungen der Kirche in Frankreich, Italien und Deutschland der Gottesfriede zu Stande, welcher in Deutschland in den allgemeinen Land= oder Reichsfrieden überging. Später entstanden die Vehmgerichte oder geheimen Gerichte, deren Hauptsitz in Westphalen war. Durch sie wurde wohl manches Verbrechen bestraft, aber sie reichten zur Herstellung der Sicherheit und Ruhe nicht aus. Kaiser Maximilian I. und

---

[1]) Zwischen Gunzenhausen und Ansbach.

sein Nachfolger, Karl V., sorgten für bessere Handhabung der Gerechtigkeitspflege in Deutschland.

Das Ritterthum, aus dem Reiterdienste des Heeres hervorgegangen, bildete einen besondern, bevorzugten Stand, der sich vor Allem verpflichtete, die Kirche zu beschützen, dem Schwächeren gegen die Gewaltthätigkeiten des Mächtigeren zu Hilfe zu eilen, und die eigene Ehre und Tapferkeit überall zu wahren. Wer einmal die Ritterwürde erhalten wollte, der mußte in seiner frühesten Jugend als Edelknabe, Page, am Hofe eines Fürsten, oder Großen dienen; dann wurde er mit dem 14. Jahre wehrhaft und Knappe, und im 21. Jahre ward der Knappe zum Ritter geschlagen. Berühmt waren die Kampfspiele der Ritter, die Tourniere (torneamenta). Am schönsten entfaltete sich das Ritterwesen in Folge der Kreuzzüge in den geistlichen Ritterorden, von denen Seite 52 die Rede sein wird. Eine Ausartung des Ritterwesens war das Raubritterthum mit seinen Raubburgen. Das Ritterthum erhielt seinen Todesstoß durch die dem Franziskaner Berthold Schwarz[1]) zugeschriebene Erfindung des Schießpulvers, wodurch eine ganz veränderte Kriegsführung nothwendig wurde.

IV.

Die Kreuzzüge.

Von den Kreuzzügen, deren man gewöhnlich acht zählt, fand statt:

Der erste 1096—1099,
der zweite 1147—1149,
der dritte 1189—1192,
der vierte 1196—1198,
der fünfte 1202—1204,
der sechste 1228—1229,
der siebente 1248—1254,
der achte 1268—1270.

---

[1]) Das Schießpulver war bei den asiatischen Völkern schon längst im Gebrauch.

Erster Kreuzzug. Seit den ersten christlichen Jahrhunderten und auch selbst nach der Eroberung Palästina's (636) und der Einnahme Jerusalems 637 durch die Araber wallfahrteten unbelästigt und frei viele Christen aus den verschiedenen Ländern nach Palästina zum Besuch der heiligen Stätten, wo der Erlöser gelebt und gelitten hat. Nachdem aber die Fatimiden, die Herren von Aegypten, sich Syriens und Palästinas (um 970) bemächtigt hatten, so wurde die Bedrängniß der morgenländischen Christen, besonders unter Hakim, groß. Unerträglich aber wurde das Joch, als die seldschukischen Türken Vorderasien, Syrien und Palästina erobert hatten[1]), und die Pilger beim Besuche Jerusalems schwere Abgaben entrichten mußten.

Diese Leiden der Christen im Morgenlande schilderte nach seiner Rückkehr von Palästina der Einsiedler Peter d'Achery von Amiens überall öffentlich, wohin er zog, und auf der vom Papst Urban II. abgehaltenen Kirchenversammlung zu Clermont[2]) 1095 wurde der erste Kreuzzug zur Eroberung Palästinas beschlossen. Der edle Deutsche Gottfried von Bouillon[3]), Herzog von Niederlothringen und sein Bruder Balduin, denen sich viele andere deutsche Ritter anschlossen, dann Hugo von Vermandois[4]), (Bruder des französischen Königs), Raymund von Toulouse, Robert von der Normandie (der Bruder des englischen Königs), Boemund von Tarent[5]) und dessen Neffe Tancred, führten die christlichen Streiter an. Gottfrieds Heer, worunter Franken, Schwaben und Lothringer, zog längs der Donau nach Constantinopel, während die außerdeutschen Anführer ihre Schaaren durch Dalmatien, oder durch Italien nach der Hauptstadt des griechischen

---

[1]) Alsbald gingen aus dem einen Türkenreiche mehrere Herrschaften hervor, von denen hier die Reiche von Haleb, von Damask (beide über Syrien und Palästina sich ausbreitend) und das über den größten Theil von Kleinasien sich erstreckende Sultanat von Rum oder Ikonium mit der Hauptstadt Nicäa zu nennen sind.

[2]) Westlich von Lyon in der Auvergne im heutigen Frankreich.

[3]) Die Stadt Bouillon mit Schloß an der Semoy, zum heutigen Großherzogthum Luxemburg gehörig.

[4]) Zwischen Cambray und Soissons in Frankreich.

[5]) Tarent (Tarento) am Meerbusen gleichen Namens (Süditalien).

Kaiferreichs führten. Bereinigt fetten fie nun über den Bosporus nach Kleinafien über, eroberten Nicäa in Bithynien, erbeuteten das türkifche Lager bei Doryläum in Phrygien, erftürmten nach neunmonatlicher Belagerung Antiochien in Syrien (1098), und trieben den zur Wiedereinnahme diefer Stadt herbeigeeilten türkifchen Emir Kerboga in die Flucht. Während Balduin, Gottfrieds Bruder, Graf von Edeffa[1]) geworden war, erhielt Boemund von Tarent Antiochien als Fürftenthum, wozu er noch Klein=Armenien (Cilicien) im Südoften von Kleinafien erwarb. Endlich entriffen nach unfäglichen Leiden die auf eine kleine Zahl zufammengefchmolzenen Kreuzfahrer, von den Türken Franken genannt, den ägyptifchen Chalifen, die feit 1096 wieder Jerufalem inne hatten, daffelbe am 15. Juli 1099. Gottfried von Bouillon wurde hierauf zum Könige erwählt; er nannte fich aber nur „Vogt und Hüter des heiligen Grabes". Noch einmal errang das Kreuzheer einen glorreichen Sieg über den ägyptifchen Sultan 1099 bei Askalon[2]), und Paläftina war größtentheils von der mufelmännifchen Herrfchaft frei. Ein Jahr fpäter ftarb Gott=fried von Bouillon, und ihm folgte als zweiter Regent des neuen Königreichs Jerufalem fein Bruder Balduin I., der bisherige Graf von Edeffa. Unter ihm wurde Tripolis erobert und zu einer Graf=fchaft erhoben. Unter dem vierten Könige Fulko umfaßte das Königreich Jerufalem mit Inbegriff der Lehensherrfchaften Edeffa, Antiochien und Tripolis[3]), das ehemalige Paläftina, das alte Phö=nicien, Theile von Syrien und Cilicien und es reichte von Tarfus in Cilicien bis über die Stadt Edeffa in Mefopotamien und füdlich bis in die Gegend von Gaza[4]) und nahezu bis an die öftliche Spitze des rothen Meeres. Im Often dehnte es fich nicht weit

---

[1]) Die Stadt Edeffa (Orfa) an einem Nebenfluß des obern Euphrat, nord=öftlich von Antiochien.

[2]) Die Stadt Askalon am mittelländifchen Meere im Süden von Paläftina wurde jedoch erft 1153 den Fatimiden abgenommen und dem Königreiche Jeru=falem einverleibt.

[3]) Die Graffchaft Edeffa lag am nördlichften; füdlich von Edeffa war das Fürftenthum Antiochien, füdlich von diefem die Graffchaft Tripolis, und an diefe grenzte das eigentliche Königreich Jerufalem.

[4]) Gaza füdlich von Askalon.

48

über den Jordan aus. Das Königreich dauerte vom Jahre 1099 bis 1187, und zählte bis dahin neun Könige.

Zweiter Kreuzzug. Nachdem der Sultan Nureddin von Syrien (Haleb) im Jahre 1146 die Stadt Edessa erobert und zerstört hatte, und die Einwohner theils ermordet, theils in die Sclaverei verkauft wurden, so unternahmen der König Ludwig VII. von Frankreich und der deutsche Kaiser Konrad III., der Staufer, vorzüglich auf die beredten Worte des hl. Abtes Bernhard von Clairvaux[1] hin einen zweiten Kreuzzug; zuerst zog Konrad, dann Ludwig, ein jeder mit einem Heere durch Ungarn und das griechische Reich nach Kleinasien. Die ungünstige Aufnahme von Seite der griechischen Städte, besonders aber das dem deutschen Heere bei Doryläum widerfahrene Unglück, wodurch der größte Theil desselben von den Seldschuken in einem Engpasse aufgerieben wurde, nöthigte Konrad zur schleunigsten Rückkehr nach Nicäa. Auch das französische Heer hatte etwas später in Kleinasien die größten Verluste und mußte sich gleichfalls zurückziehen. Beide Herrscher segelten hierauf nach Palästina und nachdem sie mit dem dortigen König Balduin III. von Jerusalem einen vergeblichen Angriff auf Damaskus in Syrien gemacht hatten, kehrten sie unverrichteter Sache wieder nach Europa zurück.

Dritter Kreuzzug. Zwischen dem Ejubiden Saladin, dem damaligen Herrscher von Aegypten und Syrien, und dem König Veit (Guido) von Jerusalem kam es bei Hittin[2] unweit Tiberias im Jahre 1187 zum entscheidenden Kampfe, in welchem letzterer gänzlich geschlagen und selbst gefangen wurde. Saladin eroberte hierauf die Küstenstädte, und dann auch Jerusalem. Dies bewog den deutschen Kaiser Friedrich I. Barbarossa (Rothbart) aus dem Geschlechte der Staufer, sowie die Könige Richard Löwenherz von England und Philipp II. August von Frankreich zu einem dritten großen Kreuzzuge.

Friedrich Barbarossa zog 1189 mit seinem Heere durch Ungarn nach Kleinasien, eroberte nach mehrmaliger Besiegung der

[1] In der südlichen Champagne in Frankreich.
[2] Westlich vom galiläischen Meere oder dem See Genesareth.

Türken die dem Sultan von Rum gehörige Stadt Ikonium[1]), ertrank aber 1190 im Flusse Saleph (Kalykadnus) bei Seleucia in Klein-Armenien (Cilicien). Hierauf führte sein (zweiter) Sohn Friedrich von Schwaben das deutsche Heer über Antiochien vor die feste Stadt Akkon (Ptolemais)[2]), welche von dem wieder in Freiheit gesetzten König Veit belagert wurde. Eine Seuche raffte dort den jungen Friedrich weg.

Im Jahre 1190 segelten auch mit ihren Flotten die Könige Philipp II. und Richard Löwenherz, welcher unterwegs den Griechen die Insel Cypern entriß, nach Palästina und vereinigten sich mit dem Belagerungsheere vor Akkon. Diese Stadt ergab sich endlich auf Bedingungen hin. Der von Richard durch Besudelung des deutschen Banners beleidigte tapfere Herzog Leopold V. von Oesterreich, sowie der König Philipp II. kehrten bald nach Europa zurück, während Richard nach mehreren siegreichen Kämpfen mit Saladin einen Vertrag abschloß, dem zufolge die Küstenstädte des Mittelmeeres von Tyrus bis Joppe und das Land bis nach Ramla und Lydda[3]) unter christlicher Herrschaft stehen sollten, und den christlichen Pilgern die ungehinderte Wallfahrt nach Jerusalem zugesichert wurde. Nachdem Richard Löwenherz noch dem ehemaligen Könige von Jerusalem, Veit von Lusignan[4]), das Königreich Cypern übertragen, segelte er 1192 der Heimath zu. Allein durch einen Sturm an die Küste von Aquileja[5]) verschlagen, wurde er auf seiner Landreise in Wien erkannt, von dem Herzog Leopold gefangen und dem deutschen Kaiser Heinrich VI. ausgeliefert, der ihn wegen des dem deutschen Banner angethanen Schimpfes erst nach dreizehn Monaten gegen Erlegung eines hohen Lösegeldes aus seiner Haft entließ.

Vierter Kreuzzug. Der deutsche Kaiser Heinrich VI., der Staufer, bewirkte, daß deutsche Fürsten einen Kreuzzug unter Anführung des Kanzlers Konrad von Hildesheim nach Palästina von Messina (Sicilien) aus unternahmen. Sie eroberten die Küstenstädte

---

[1]) In der ehemaligen Landschaft Lycaonien.
[2]) Am mittelländischen Meere, nordwestlich von Jerusalem.
[3]) Ramla und Lydda zwischen Jerusalem und Joppe.
[4]) Lusignan, südwestlich von Poitiers.
[5]) Nordöstlich von Venedig, in der Nähe des adriatischen Meeres.

Stein, Deutsche Geschichte. 4

Sidon (Saiette), Berytus (Beirut) und Byblus (Dschebail) und schlossen mit den Muhamedanern einen sechsjährigen Waffenstillstand, worin den Christen und ihren Kirchen zu Jerusalem und Bethlehem Schutz zugesichert, und die eroberten Städte nebst Joppe (Jaffa) dem König Amalrich von Cypern übergeben wurden. Hierauf kehrten die Kreuzfahrer nach Teutschland zurück.

Fünfter Kreuzzug. Besonders auf das Betreiben des Papstes Innocenz III. ward zur Befreiung Jerusalems ein neuer Kreuzzug unter Anführung des Markgrafen **Bonifazius von Montferrat**[1]), des Grafen Balduin von Flandern[2]) und Anderer von Venedig aus veranstaltet. Allein die Kreuzfahrer ließen sich auf die Bitte des vertriebenen griechischen Prinzen Alexius bewegen, nach Constantinopel zu fahren und dort den alten Isak II. Angelus nebst seinem Sohne, dem vertriebenen Alexius IV., auf den griechischen Kaiserthron zu setzen; nach der Ermordung des letztern stürmten die Kreuzfahrer 1204 Constantinopel zum zweitenmale und gründeten das sogenannte **lateinische Kaiserthum** mit mehreren Lehensherrschaften, wobei Balduin von Flandern die Kaiserwürde mit der Residenz Constantinopel erhielt. Hingegen behauptete sich der von den **Griechen** gewählte Kaiser (Theodor Laskaris) in Kleinasien und residirte zu **Nicäa (nicäisches Kaiserthum)**. Endlich im Jahre 1261 machte der nicäische Kaiser **Michael Paläologus** nach sieben und fünfzigjähriger Dauer dem lateinischen Kaiserthume ein Ende[3]).

Sechster Kreuzzug. Kreuzfahrer hatten die Stadt Damiette an der Nilmündung, den Schlüssel zu Aegypten, 1219 erobert, aber da ihnen keine Hülfe von Europa kam, wieder an den ägyptischen Sultan Kamel verloren. Vergebens hatten die Päpste Honorius III.

---

1) Das Gebiet von Montferrat lag in zwei getrennten Hälften im westlichen Oberitalien zwischen Genua und Vercelli.

2) Im heutigen Königreich Belgien.

3) Hier ist noch zu erwähnen der Kreuzzug der Kinder 1212, von denen sehr viele durch Hunger und anderes Mißgeschick zu Grunde gingen, viele in die Sclaverei verkauft wurden. — Auch der König Andreas II. von Ungarn unternahm 1217 einen Kreuzzug zur Eroberung Jerusalems, jedoch ohne Erfolg.

und Gregor IX. den deutschen Kaiser, Friedrich II., an das bei
seiner Königskrönung zu Aachen gegebene Versprechen erinnert,
einen Kreuzzug zu unternehmen. Endlich nach vielem Widerstreben,
als Gregor IX. bereits die Excommunication über Friedrich II. ausgesprochen, zog dieser 1228 nach Palästina, und schloß mit dem auch
von anderer Seite her bedrängten Sultan Kamel 1229 einen zehn-
jährigen Vertrag ab, dem gemäß Jerusalem nebst Bethlehem und
Nazareth und das Gebiet bis nach Akkon und Tyrus den Christen
eingeräumt wurde. Friedrich II. setzte sich selber in Jerusalem die
Königskrone auf und trat dann seinen Rückzug nach Europa an.
Im Jahre 1239 ging Jerusalem wieder verloren, 1240 kam es
noch einmal an die Christen, seit 1244 aber verloren sie es, ohne
je wieder in seinen Besitz bis jetzt gelangt zu sein.

Siebenter Kreuzzug. Palästina und Syrien war in die Gewalt des ägyptischen Sultans gekommen. Da wagte Ludwig IX.,
der Heilige, König von Frankreich, einen neuen Kreuzzug, und nahm
die Festung Damiette; kurz darauf aber wurde er mit seinem ganzen Heere gefangen genommen, mußte Damiette wieder zurückgeben
und sich und sein Heer um eine hohe Summe loskaufen. Hierauf
ging Ludwig nach Palästina, befestigte dort die Küstenstädte und
verließ dasselbe wieder 1254.

Achter Kreuzzug. Diesen unternahm gleichfalls Ludwig IX.,
der Heilige, zunächst gegen Tunis im nördlichen Afrika, um dem
christlichen Glauben dort Eingang zu verschaffen; allein eine fürchterliche Pest raffte ihn und einen großen Theil seines Heeres weg.

Seit 1269 ging Antiochien, neunzehn Jahre später Tripolis
und endlich 1291 Akkon für die Christen verloren, und die christliche Herrschaft in Palästina hatte damit ihr Ende erreicht.

Folgen der Kreuzzüge. Durch den Verkehr mit dem Morgenlande in Folge der Kreuzzüge hob sich insbesondere Handel und
Gewerbe, neue Erfindungen und Entdeckungen wurden gemacht, und
so ward der Anstoß zu den künftigen großartigen Entdeckungsreisen
gegeben. Die einzelnen Völker traten in engere Verbindung mit
einander und das Städtewesen und die königliche Gewalt gewannen
bedeutend.

4*

Insbesondere haben den Kreuzzügen die drei Ritterorden: der Johanniter-, Templer- und Deutschherren-Orden ihr Entstehen zu verdanken. Die Mitglieder dieser Orden verpflichteten sich, die nach dem heiligen Lande Pilgernden zu pflegen und zu beschützen und die christlichen Besitzungen daselbst gegen die Angriffe der Ungläubigen zu vertheidigen.

1. Der Johanniter- oder Hospitaliter-Orden, so genannt von seiner ersten Niederlassung zu Jerusalem, nämlich einem Hospitale und einer Kirche zu Ehren des hl. Johannes, wurde durch seinen Vorsteher oder Großmeister Raimund be Puy, in einen kriegerischen Orden umgewandelt. Nach dem Verluste Palästinas begaben sich die Mitglieder dieses Ordens auf die Insel Cypern, später eroberten sie die Insel Rhodus [1]), woher sie Rhodiser Ritter hießen. Nachdem sie dieses Eiland an die Osmanen verloren, erhielten sie vom deutschen Kaiser Karl V. die Insel Malta [2]) 1530 zum Sitze, und wurden nun Malteser-Ritter genannt. Als Buonaparte 1798 Malta einnahm, siedelten die Ritter nach Catania im östlichen Sicilien über. Sie hatten in verschiedenen Ländern Ordenshäuser. Ihr Hauptsitz in Deutschland war Heitersheim im Breisgau [3]). Sie bestehen jetzt nur noch dem Namen nach.

2. Der Orden der Tempelherren oder Templer, 1118 von einigen französischen Rittern gestiftet, erhielt von dem König Balduin II. zu Jerusalem eine Wohnung, auf dem Platze des ehemaligen jüdischen Tempels, woher sie den Namen Tempelherren bekamen. Sehr viele Besitzungen hatten die Templer in Frankreich. Der nach den reichen Gütern des Ordens lüsterne König Philipp IV. der Schöne, von Frankreich († 1314) bedrängte den Papst Clemens V., daß dieser den Orden 1312 aufhob.

3. Der Marianer- oder Deutschherrenorden (Ordo Equitum Teutonicorum) wurde von dem Herzog Friedrich von

---

[1]) Rhodus im mittelländischen Meere, westlich von Cypern und südlich von der ehemaligen Landschaft Karien im südwestlichen Kleinasien; die Johanniter behaupteten diese Insel von 1309—1522.

[2]) Malta (Melita) im mittelländischen Meere, südlich von Sicilien.

[3]) Zum heutigen Großherzogthum Baden gehörig.

Schwaben, dem zweiten Sohne des Kaisers Friedrich Barbarossa, bei der Belagerung der Stadt Akkon zu Ehren der Mutter Gottes gegründet. Der vierte Hochmeister des Ordens, Hermann von Salza (in Thüringen), der von Akkon nach Venedig übergesiedelt war, entbot auf die Bitte des Herzogs Konrad von Masovien[1] mehrere Ordensritter zu dessen Unterstützung gegen die noch heidnischen Preußen. Die Ritter unterwarfen allmählig, besonders seitdem die „Schwertbrüder"[2] mit dem deutschen Orden sich vereinigt hatten, nach drei und fünfzigjährigem Kampfe 1233 Preußen[3] und verschafften dem Christenthum dort allmälig Eingang. Obgleich der Hochmeister Albrecht von Brandenburg 1525 zur lutherischen Lehre übergetreten war und das Ordensland Preußen als weltliches Herzogthum unter der Oberhoheit Polens in Besitz nahm, so dauerte doch der Orden, der Kirche und dem deutschen Kaiser treu, fort, bis er endlich durch den Wiener Friedensschluß 1809 im übrigen Deutschland, den österreichischen Kaiserstaat ausgenommen, aufgehoben wurde. Seine Hauptsitze waren in früherer Zeit Akkon und Venedig, später das von ihm erbaute Marienburg an der Nogat in Preußen, und zuletzt Mergentheim an der Tauber[4].

V.
Die Staufer oder schwäbischen Kaiser 1138—1254.

1. Konrad III. 1138—1152,
2. Friedrich I. Barbarossa 1152—1190,
3. Heinrich VI. 1190—1197,
4. Philipp von Schwaben 1198—1208.

[1] Das Land um Warschau und Plock.
[2] Sie waren vom Bischof Albrecht zu Riga für die Bekehrung Livlands gestiftet worden.
[3] Hierunter ist zu verstehen das Land an der Ostsee, das sich Anfangs im Osten bis nach Memel, im Westen über Danzig hinaus und südlich nach Thorn an der Weichsel im heutigen Preußen erstreckte, das aber in der Folgezeit durch Polen geschmälert wurde. Die Ordensritter hatten auch Kurland und Livland im heutigen Rußland ihrer Herrschaft eine Zeit lang unterworfen.
[4] Im heutigen Königreich Würtemberg.

Sein Gegenkaiser:

5. Otto IV. von Braunschweig 1198—1215,
6. Friedrich II. 1215—1250,
   Sein Gegenkönig:
7. Heinrich Raspe 1246—1247.
8. Konrad IV. 1250—1254.
   Sein Gegenkönig:
9. Wilhelm von Holland 1248—1256.

Konrad III., der Sohn des Schwabenherzogs Friedrich von Staufen und Waiblingen, wurde nach Lothars III. Tode zum deutschen König erwählt, dagegen der Welfe Heinrich der Stolze, welcher als Herzog von Bayern und Sachsen ein Gebiet von der Nordsee bis zum Mittelmeere beherrschte, bei der Wahl übergangen. Als nun der Letztere dem König Konrad die Huldigung verweigerte, so wurde er iu die Reichsacht erklärt und der Graf Albrecht der Bär (von Ascanien) mit Sachsen, der Markgraf Leopold IV.[1]) von Oesterreich (der Stiefbruder Konrads III.) mit Bayern belehnt;

Darüber entbrannte der Kampf zwischen Heinrich dem Stolzen und dem König Konrad. Als jedoch Heinrich der Stolze mit Hinterlassung eines Sohnes, dessen Name Heinrich der Löwe war, 1139 starb, so setzte sein Bruder Welf den Krieg für den unmündigen Heinrich den Löwen, gegen Konrad III. fort, wurde aber bei der welfischen Stadt Weinsberg[2]) geschlagen, und dieses mußte sich an Konrad ergeben.

Auf dem Reichstage zu Frankfurt 1142 entsagte Albrecht der Bär dem Herzogthum Sachsen, und Konrad gab dieses Heinrich dem Löwen; Bayern erhielt Heinrich Jasomirgott, der Bruder des verstorbenen Leopold von Oesterreich, während Albrecht der Bär sich mit der Mark Brandenburg, als einem jetzt von Sachsen unabhängigen Lehen, begnügte.

---

[1]) Dieser war ein Nachkömme des fränkischen Grafen Leopold des Erlauchten von Babenberg (Bamberg), welchem der Kaiser Otto II. 984 die Markgrafschaft Oesterreich (Ostmark) übertragen hatte.

[2]) Unweit Heilbronn im Königreich Würtemberg. Berühmt wurde Weinsberg durch die Treue der Frauen.

Konrad III. unternahm den zweiten Kreuzzug gemeinschaftlich mit Ludwig VII., König von Frankreich, ohne jedoch etwas auszurichten.

Er wollte auch nach Italien zum Empfang der Kaiserkrone ziehen, aber der Tod vereitelte dieses Unternehmen. Vor seinem Ende empfahl er zu seinem Nachfolger seinen Neffen, Friedrich von Schwaben, der auch von den Fürsten zum Könige gewählt wurde.

Friedrich I. Barbarossa zog sofort nach seiner Königskrönung durch das deutsche Reich, überall Recht sprechend und die Uebelthäter züchtigend. Auf dem Reichstage zu Merseburg[1]) belehnte er den dänischen Prinzen Swen nach empfangener Huldigung mit Dänemark. Später, im Jahre 1156 trennte Friedrich die Ostmark von Bayern, erhob erstere zu einem eigenen Herzogthum Oesterreich, wozu noch das Land ob der Enns (ohne den Junkreis) kam, und verlieh das neue Herzogthum dem bisherigen Bayernherzog Heinrich Jasomirgott; Bayern dagegen stellte er Heinrich dem Löwen wieder zurück. Während Heinrich der Löwe 1175 die Wenden beugte, nöthigte Friedrich den Polenherzog zum Gehorsam. Jenseits der Alpen standen dem Kaiser große Kämpfe bevor, weshalb er sechs Züge nach Italien unternahm, und zwar

den ersten 1154—1155,
den zweiten 1158—1162,
den dritten 1163—1164,
den vierten 1166—1168,
den fünften 1174—1178,
den sechsten 1184—1186.

Erster Zug. Der Kaiser hielt bei seiner Ankunft in Lombardien auf der ronkalischen Ebene unweit Piacenza einen Reichstag, auf welchem mehrere lombardische Städte sich vorzüglich gegen das mächtige Mailand beklagten. Nachdem er dort mehrere Angelegenheiten geregelt, zerstörte er das mit Mailand verbündete Tortona[2]), ohne jedoch Mailand selbst anzugreifen, und empfing dann

---

[1]) An der sächsischen Saale.
[2]) Zwischen Mailand und Genua.

in) Pavia die lombardische Königskrone. Hierauf brach er gegen Rom auf, in welchem schon zur Zeit Conrads III. eine von Arnold von Brescia[1]) geleitete Partei die alte römische Republik wieder aufrichten wollte. Arnold von Brescia ward gefangen und hingerichtet und die Ordnung in Rom wieder hergestellt. Nachdem Friedrich vom Papste Hadrian IV. die römische Kaiserkrone erhalten, kehrte er nach Deutschland zurück, hatte aber mit seinem Heere in der Veroneser Klause durch Alberich von Verona[2]) eine große Gefahr zu bestehen, von welcher ihn der Pfalzgraf Otto von Wittelsbach, des Reiches Bannerträger, durch seine Kühnheit befreite.

Zweiter Zug. Nach des Kaisers Heimkehr aus Italien hatten die Mailänder Tortona wieder aufgebaut, mehrere kaiserlich gesinnte Städte unterworfen und selbst Pavia bedrängt. Da beschloß Friedrich das trotzige Mailand für immer zu züchtigen. Nachdem er dem Böhmenherzog, der ihm für diesen Zug Hülfe versprochen, die Königskrone zu tragen gestattete (1158), zog er mit einem gewaltigen Heere vor Mailand und nahm es durch Capitulation ein. Bald aber empörte sich das von Seiten der neuen eingesetzten kaiserlichen Beamten oder Podesta hart bedrückte Mailand nebst anderen Städten, bis es endlich 1162 dem Kaiser sich unbedingt unterwerfen mußte. Die Mauern Mailand's wurden zerstört, und viele Einwohner durften sich nur außerhalb der Stadt ansiedeln. In Folge dessen beugten sich jetzt auch andere lombardische Städte unter die kaiserliche Herrschaft.

Friedrich hatte sich auch bereits mit dem Papste Hadrian IV. entzweit und nach dessen Tode stellte die kaiserliche Partei gegen den rechtmäßig erwählten Papst Alexander III. einen Gegenpapst Victor IV. auf, den auch Friedrich begünstigte.

Dritter Zug. Friedrich Barbarossa, der jetzt allein nach Italien zog, hielt zwar durch sein Erscheinen die über die Gewaltthaten der Podesta erbitterten Städte im Zaum; aber alsbald entstand gegen die Bedrückungen seiner Podesta der Veroneser

---

Städtebund, worunter Verona, Venedig u. a. und der Kaiser konnte im Augenblick Nichts gegen ihn ausrichten.

Vierter Zug. Mit großer Heeresmacht eilte Friedrich, bei der Kunde vom Einzuge des Papstes Alexander III. in Rom, über die Alpen, um diesen zu vertreiben und seinen (nach dem Tode Victors) erwählten Papst Paschalis III. nach Rom zu geleiten. Rom ward erobert, Alexander III. flüchtete und Paschal zog in Rom ein. Alsbald aber brach im deutschen Heere eine verheerende Pest aus, welche Tausende von Kriegern hinwegraffte. Dazu kam, daß der Veroneser Bund sich zu dem lombardischen Städtebund erweitert hatte, welcher den Kaiser in die Flucht schlug. Zugleich erbauten die Lombarden zu Ehren des Papstes Alexander III. 1168 die feste Stadt Alessandria[1] am Tanaro.

Fünfter Zug. Der Kaiser rückte gegen das feste Alessandria vor und belagerte es, aber bei dem Herannahen eines lombardischen Städteheeres mußte er von Alessandria abziehen. Nachdem von beiden Seiten fruchtlos hin und her verhandelt worden war, kam es zur Schlacht bei Legnano[2] 1176, in welcher der Kaiser mit seinem schwachen Heere — denn Heinrich der Löwe hatte ihm die Unterstützung versagt — von den Lombarden besiegt wurde. Durch einen hierauf zu Anagni[3] abgeschlossenen Vertrag erkannte der Kaiser den Papst Alexander III. als rechtmäßig an, gab die Besitzungen der Markgräfin Mathilde der römischen Kirche zurück und schloß mit den Lombarden einen sechsjährigen Waffenstillstand. Dieser Vertrag wurde dann zu Venedig bestätigt und Papst und Kaiser söhnten sich mit einander aus. Später im Jahre 1183 kam auch zu Constanz am Bodensee der Friede mit den Lombarden zu Stande, wodurch den lombardischen Städten große Freiheiten eingeräumt wurden.

Auf seinem Rückzuge ward Friedrich zu Arles zum König von Burgund gekrönt, welches er durch seine Gemahlin Beatrix, (eine burgundische Prinzessin) enger mit Deutschland verknüpft hatte, zog dann nach Deutschland, und lud den wegen vieler Ge-

---

[1] Zwischen Pavia und Genua.
[2] Nordwestlich von Mailand.
[3] Zu Mittelitalien, östlich von Rom.

waltthaten angeklagten Heinrich den Löwen zur Verantwortung
vor, und da dieser trotz der mehrmaligen Aufforderung nicht erschien,
so wurde die Reichsacht 1180 über ihn ausgesprochen und er seiner
Länder verlustig erklärt. Den östlichen Theil vom Herzogthum
Sachsen erhielt Bernhard von Ascanien, (ein Sohn Albrechts des
Bären), den westlichen Theil oder das Herzogthum Westphalen und
Engern der Erzbischof von Köln; Goslar und andere Städte wurden reichsunmittelbar. Das Herzogthum Bayern bekam Pfalzgraf
Otto von Wittelsbach¹), der Ahnherr des bayerischen Herrscher=
hauses. Heinrich der Löwe suchte zwar mit Waffengewalt diese
Beschlüsse nichtig zu machen, unterwarf sich jedoch später dem Kaiser,
der ihm seine Erbgüter Braunschweig und Lüneburg ließ, aber ihn
auf drei Jahre aus Deutschland verbannte.

Sechster Zug. Dieser Zug Friedrichs durch die Lombardei
glich einem Triumphzuge. Er vermählte seinen bereits zum römischen König gekrönten Sohn Heinrich mit Constanze, der Erbin
beider Sicilien, zu Mailand 1185.

Friedrich Barbarossa unternahm auch den dritten Kreuzzug
und starb während desselben im Flusse Kalykadnus in Klein=
Armenien.

Ihm folgte in der Regierung des deutschen Reiches sein
Sohn

Heinrich VI. Kaum war Friedrich Barbarossa nach Asien
gezogen, so kehrte Heinrich der Löwe von England, wo er sich bei
seinem Schwiegervater Heinrich II. aufhielt, zurück, und der Kampf
zwischen Welfen und Staufern entbrannte von Neuem. Die endliche
Versöhnung kam 1194 zwischen dem Kaiser und den Welfen zu
Stande. Des Löwen Sohn, Heinrich, mit Agnes, der Erbin
der Rheinpfalzgrafschaft, vermählt, erhielt vom Kaiser
das Versprechen, nach dem Tode des Vaters seiner Gemahlin Agnes
mit der Rheinpfalz belehnt zu werden. Der alte Heinrich der Löwe
beschloß seine Tage zu Braunschweig 1195.

---

¹) Die Burg Wittelsbach lag nordöstlich von Augsburg, zwischen Schwaben-
hausen und Aichach, im Kreise Oberbayern.

Heinrich VI. unternahm drei Züge nach Italien theils zur Erlangung der Kaiserkrone, theils zur Befestigung seiner Herrschaft in Unteritalien.

Auf dem ersten Zuge 1191 eilte der in Rom gekrönte Kaiser Heinrich nach Unteritalien, wo ihm das Erbe seiner Gemahlin streitig gemacht wurde; er unterwarf viele Städte mit Ausnahme Neapels. Eine im deutschen Heere ausbrechende Seuche zwang ihn, den Heimweg nach Deutschland anzutreten.

Auf dem zweiten Zuge nach Italien 1194—1195 gelangte der Kaiser mit Hülfe der Handelsflotten von Pisa[1]) und Genua[2]) in kurzer Zeit in den Besitz beider Sicilien und empfing zu Palermo[3]) die sicilianische Königskrone. Nachdem er wegen einer in Sicilien entdeckten Verschwörung mehrere geistliche und weltliche Großen hatte gefangen nehmen lassen, kehrte er hierauf nach Deutschland zurück, und ließ seinen Sohn Friedrich II. zu seinem Nachfolger wählen.

Den dritten Zug nach Italien unternahm Heinrich 1196 auf die Kunde von einem in Sicilien ausgebrochenen Aufstande, der alsbald niedergeschlagen wurde. Der Kaiser wollte auch das byzantinische Reich erobern, aber mitten in seinen Planen ereilte ihn fern von Deutschland der Tod.

König Philipp von Schwaben und sein Gegenkaiser **Otto IV. von Braunschweig.** Weil Friedrich II., Heinrichs VI. Sohn, noch minderjährig war, so wählte die staufische (ghibellinische) Partei in Deutschland den Bruder Heinrichs VI., Philipp von Schwaben; dagegen die Fürsten am Niederrhein den zweiten Sohn Heinrichs des Löwen, Otto IV., zum deutschen König. Der Welfe Otto ward zu Aachen, der Staufer Philipp zu Mainz gekrönt. Der Papst Innocenz III. entschied sich für Otto IV., während er den wegen seiner Gewaltthaten gebannten Philipp verwarf. Der Böhmenherzog Ottokar trat auf die Seite Ottos, und wurde von diesem zum böhmischen König gekrönt. Alsbald kam es zum Kampfe zwischen Philipp und Otto, in welchem der letztere weichen mußte. Erst

---

[1]) Am Arno, westlich von Florenz.
[2]) Am Meerbusen gl. Namens, südlich von Mailand.
[3]) An der Nordwestküste der Insel Sicilien.

nachdem Philipp zu Bamberg durch den Pfalzgrafen Otto[1]) von Wittelsbach, dem er seine zur Ehe versprochene Tochter versagt hatte, gewaltsam ermordet worden war, ward der Welfe Otto IV. von allen Fürsten als König anerkannt.

Im Jahre 1209 wurde Otto in Rom von Innocenz III. zum Kaiser gekrönt, trat aber sofort feindselig gegen den Papst auf. Statt das Exarchat Ravenna, die Mark Ancona, die mathildinischen Güter und andere Besitzungen der Kirche, wie er zu Neuß[2]) 1201 eidlich gelobt, dem Papste zurückzugeben, brachte er sie an sich und belehnte damit seine Getreuen. Dann zog er nach Apulien und nahm die unteritalischen Städte bis nach Tarent weg, um den jungen Staufer Friedrich II., Heinrichs VI. Sohn, zu stürzen. Da verhängte Innocenz den Bann über Otto, weil dieser das päpstliche Lehen Apulien angegriffen hatte. Sogleich luden die Gegner Ottos den Staufer Friedrich II. ein, Sicilien zu verlassen und die deutsche Krone in Empfang zu nehmen. Friedrich erschien auch in Deutschland und wurde von einem Theile der Fürsten 1212 zum König gewählt; und nachdem sein Gegner Otto IV. durch Philipp II. von Frankreich, den Verbündeten Friedrichs, bei Bovines[3]) 1214 besiegt worden war, so wurde der Staufer bald allgemein anerkannt und 1215 zu Aachen gekrönt. Otto zog sich in sein Erbland Braunschweig zurück und starb 1218.

Friedrich II. hatte, um in Rom die Kaiserwürde zu erhalten, zu Straßburg 1216 auf das Königreich Sicilien, über welches der Papst Lehensherr war, zu Gunsten seines Sohnes Heinrich, der hingegen nicht die deutsche Krone empfangen sollte, verzichtet; dessen ungeachtet ließ er diesen nach Deutschland kommen, und setzte es durch, daß Heinrich zu seinem Nachfolger in Deutschland und zum römischen König ernannt wurde. Da Friedrich, seit dem Jahre 1220 römischer Kaiser, die Ausführung eines versprochenen Kreuzzugs immer weiter hinausschob, so that ihn der Papst Gregor IX. in den Bann. Friedrich ging hierauf 1228 nach Palä-

---

1) Dieser war ein Vetter des mit dem Herzogthum Bayern belehnten Otto von Wittelsbach.

2) Südwestlich von Düsseldorf, nicht weit vom Rheine.

3) In Flandern, nördlich von Cambray.

stina und kehrte 1229 von dort mit dem Titel eines Königs von Jerusalem zurück. Ein nur kurz dauernder Friede kam hierauf zwischen dem Papste und dem Kaiser zu San Germano¹) 1230 zu Stande und der Kaiser ward vom Banne befreit.

Unterdessen regierte König Heinrich, Friedrich's Sohn, Anfangs unter Leitung des Erzbischofs Engelbert von Köln, später unter der des Herzogs Ludwig I. von Bayern, welchem 1215 die Rheinpfalz zugefallen war, das deutsche Reich. Aber bald empörte sich Heinrich gegen den Vater; Friedrich eilte nach Deutschland und schickte seinen Sohn als Gefangenen nach Apulien, wo dieser im Kerker sein Leben beschloß. Hierauf erließ der Kaiser auf einem Reichstage zu Mainz Gesetze für den Landfrieden, erhob den Enkel Heinrichs des Löwen, Otto das Kind, zum (ersten) Herzog von Braunschweig und Lüneburg, und seinen eigenen Sohn Konrad ließ er einige Zeit nachher zum römischen Könige wählen.

Wie Friedrich die Sicilianer durch allzustrenge Gesetze bedrückte, so wollte er auch mit den Lombarden verfahren. Da diese aber sich nicht fügen wollten, so bekriegte sie der grausame Ezzelino von Romano, des Kaisers Freund und späterer Schwiegersohn, und der aus Deutschland wieder zurückgekehrte Friedrich schlug sie bei Cortenuova²) 1237 und brandschatzte das Land. Von Neuem traf den Kaiser der Bann, als er seinen Sohn Enzio zum König von Sardinien, einem päpstlichen Lehen, erhob.

Während nun Friedrich den Kirchenstaat verwüstete, zogen die aus der Hochebene Mittelasiens stammenden Mongolen verheerend durch Rußland und Polen, verbrannten Krakau³) und Breslau⁴) und erkämpften nach schweren Verlusten einen blutigen Sieg bei Liegnitz an der Katzbach unweit Wahlstadt⁵) am 9. April 1241, wo der tapfere Herzog Heinrich von Niederschlesien und viele deutsche Ritter in den Tod sanken. Die Mongolen wandten sich hierauf nach Mähren, durchzogen Ungarn und Bulgarien und kehrten nach Asien zurück.

---

¹) Südöstlich von Rom, im Neapolitanischen.
²) Zwischen Cremona und Brescia in der Lombardei.
³) An der Weichsel.
⁴) An der Oder.
⁵) Westlich von Breslau in Schlesien.

Fünfmal war Friedrich in das päpstliche Gebiet eingefallen und hatte nach und nach den größten Theil desselben sich unterworfen. Da sprach der Papst Innocenz IV., der aus Rom geflüchtet war, auf dem Concil zu Lyon 1245 wiederholt die Excommunication über den Kaiser aus und entband dessen Unterthanen vom Eid der Treue. Viele deutsche Fürsten wählten hierauf den Landgrafen Heinrich Raspe von Thüringen zum Könige und nach dessen bald erfolgten Tode übertrugen mehrere geistliche Würdenträger und weltliche Fürsten dem Grafen Wilhelm von Holland 1248 die königliche Würde. Konrad, des Kaisers Sohn, hatte mit beiden Gegenkönigen harte Kämpfe zu bestehen.

In Italien stand es mit Friedrichs II. Sache schlimm; von den Parmesanern wurde er besiegt, von den Bolognesen sein Sohn Enzio später gefangen, überall stürmte das Unglück auf Friedrich ein; da ereilte ihn der Tod 1250 zu Fiorentino.[1]

Weil sein Sohn Konrad IV. seine Ansprüche auf Deutschland bald aufgab und nach Unteritalien zog, so folgte ihm in Deutschland der tapfere

König Wilhelm von Holland. Dieser führte mehrere siegreiche Treffen, schlug die Westfriesen in einer Seeschlacht, wurde aber zuletzt auf einem zweiten Zuge gegen die Friesen, als er ohne Begleitung einmal ausritt, und mit seinem Pferde durch das Eis brach, von Friesen, die ihn nicht kannten, 1256 erschlagen.

Unterdessen war auch 1254 der Staufer Konrad IV., nachdem er Neapel erobert hatte, gestorben. Ein Söhnchen, Namens Konradin, hinterließ er, das in Deutschland erzogen wurde. Als Konradin fünfzehn Jahre alt war, suchte er seine Ansprüche auf das Königreich beider Sicilien geltend zu machen. Der Papst hatte jedoch bereits dem Grafen Karl von Anjou[2] und der Provence, dem Bruder Ludwigs IX. des Heiligen von Frankreich, Sicilien als päpstliches Lehen übergeben; deßgleichen war Manfred, Konradins Oheim, der sich der sicilianischen Krone bemächtigt hatte, von Karl von

---

[1] Südöstlich von Rom, im Kirchenstaat.

[2] Die Landschaft Anjou mit der Stadt Angers lag zu beiden Seiten der untern Loire.

Anjou bei Benevent¹) 1266 besiegt worden und hatte daselbst
den Tod gefunden. Konradin aber, der mit seinem Freunde Friedrich
von Baden-Oesterreich und einem kleinen Heere nach Italien
gezogen war, wurde hierauf von Karl von Anjou bei Scurcola²)
geschlagen, auf der Flucht gefangen und in Neapel mit seinem Freunde
Friedrich 1268 enthauptet. Das war das Ende des Geschlechtes der
Staufer. Aber auch nicht lange herrschte Karl von Anjou über die Insel
Sicilien. Die Gewaltthätigkeiten der Franzosen auf jener Insel
brachten am Ostermontag 1282 um die kirchliche Vesperzeit (daher
sicilianische Vesper genannt) einen blutigen Aufstand der Sicilianer hervor, dessen Ziel die Ermordung der Franzosen war. Peter
von Aragonien, ein Vetter Konradins, erhielt dann die Krone
der Insel Sicilien.

Städtebündnisse und die Eidgenossenschaft der Friesen. In
der für Deutschland so traurigen Zeit der letzten Regierungsjahre
Friedrichs II. hatten im Jahre 1241 bereits Hamburg und Lübeck,
Braunschweig und andere Städte zum Schutze des Handels einen
Bund, den Anfang der mächtigen Hansa, geschlossen. Zu ähnlichem
Zweck entstand der westphälische Bund, am berühmtesten aber
wurde der im Jahre 1254 gegründete rheinische Städtebund
zum gegenseitigen Schutze, mit Mainz und Worms an der Spitze.
Schon frühzeitig hatten auch die friesischen Landleute zum Schutze
gegen die Angriffe der Fürsten und Ritter eine Genossenschaft gebildet — die Eidgenossenschaft der sieben friesischen
Seelande. Sie erstreckte sich von den Mündungen des Rheins
bis nach Schleswig hin.

Das Interregnum 1256—1273. Nach dem Tode des Königs
Wilhelm von Holland wählte ein Theil der deutschen Fürsten mit
dem Erzbischof von Köln an der Spitze, auf große Geschenke hin,
den Schwager Friedrichs II., den reichen **Richard von Cornwallis³)**,
Bruder des englischen Königs Heinrichs III., dagegen der Erzbischof
von Trier und andere Fürsten, gleichfalls durch große Versprechungen

---

¹) Nordöstlich von Neapel.

²) Zwischen Alba und Tagliacozzo, etwas nordöstlich von Rom, im Reapo-
litanischen.

³) Das Gebiet von Cornwallis liegt im südwestlichsten Theile Englands.

bewegen, den König von Castilien, **Alfons** X., Friedrichs II. Enkel; der junge Konradin, der damals noch lebte, durfte bei Strafe des Kirchenbannes nicht gewählt werden. Alfons kam gar nicht nach Deutschland und verzichtete später freiwillig auf die deutsche Krone. Richard von Cornwallis kam mehrmals nach Deutschland, konnte aber nur wenig ausrichten. Deutschland gerieth in dieser Zeit in die schrecklichste Zerrüttung; auch hatte Frankreich die westliche Hälfte des Burgunderreiches an sich gerissen.

Aussterben berühmter Geschlechter. Kurz vor der Zeit des Interregnum waren mehrere berühmte Dynastengeschlechter in Deutschland ausgestorben, nämlich:

1) im Jahre 1218 das Geschlecht der Zähringer, welches die Statthalterschaft im helvetischen Burgund oder der Schweiz bekleidet hatte.

2) im Jahre 1246 das Geschlecht der Babenberger, die das Herzogthum Oesterreich als Lehen hatten; der letzte Sprosse desselben war Friedrich der Streitbare von Oesterreich;

3) das Geschlecht der Landgrafen von Thüringen im Jahre 1247.

Während des Interregnum erlosch, wie oben erzählt wurde:

4) das Geschlecht der Staufer oder Schwaben 1268.

Vierter Abschnitt.

Vom Regierungsantritte Rudolfs von Habsburg bis zur großen Glaubensspaltung im sechzehnten Jahrhundert.

I.

Kaiser aus den Häusern Habsburg, Wittelsbach und Luxemburg 1273—1437.

1. Rudolf I. von Habsburg 1273—1291.
2. Adolf von Nassau 1292—1298.
3. Albrecht I. von Oesterreich 1298—1308.
4. Heinrich VII. von Luxemburg 1308—1313.
5. Ludwig V. der Bayer 1313—1347.
       Zugleich:
6. Friedrich der Schöne von Oesterreich 1313—1330.
7. Karl IV. 1347—1378.
       Sein Gegenkönig:
9. Günther von Schwarzburg 1347—1349.
9. Wenzel der Faule 1378—1400.
10. Ruprecht von der Pfalz 1400—1410.
11. Sigismund 1410—1437.

Rudolf I., Graf von Habsburg[1]) wurde nach dem Tode Richards von Cornwallis zum deutschen König in Aachen gekrönt. Mit Ottokar II., König von Böhmen und Mähren, dem mächtigsten Fürsten der damaligen Zeit, der während des Interregnum auch Oesterreich, Steiermark, Kärnthen und Krain mit seinem Reiche verbunden hatte, mußte der fromme und tapfere Rudolf zwei harte Kämpfe bestehen, weil Ottokar sich weigerte, ihm zu huldigen

---

[1]) Die Habsburg an der Aar, im heutigen Canton Aargau, etwas nordwestlich von Zürich in der Schweiz.

und von ihm die Belehnung zu empfangen. Ottokar unterwarf sich zwar das erstemal 1276 dem König Rudolf I., als dieser mit einem Heere nach Oesterreich gezogen war; da aber der Böhmenkönig von Neuem Rudolf den Gehorsam versagte, so wurde er von diesem auf dem Marchfelde bei Wien 1278 besiegt und fiel im Kampfe. Böhmen und Mähren behielt Wenzel, Ottokars Sohn; Graf Meinhard, der Verbündete Rudolfs, bekam Tyrol; die Söhne Rudolfs, Albrecht und Rudolf, erhielten mit Zustimmung der deutschen Fürsten Oesterreich, Steiermark, Kärnthen und Krain als Herzogthümer. So war das Haus Habsburg=Oesterreich gegründet, das im Mannsstamme bis zum Jahre 1740 blühte. Den Grafen von Savoyen brachte Rudolf zum Gehorsam, sorgte im deutschen Reiche für die Erhaltung des Landfriedens und zerstörte viele Raubburgen. Die Kaiserkrone hatte Rudolf nicht empfangen. Er starb 1291 auf dem Wege von Germersheim nach Speyer, und seine sterbliche Hülle ward im Dom zu Speyer beigesetzt. Nach Rudolfs Tode wählten die deutschen Fürsten, mit Umgehung seines Sohnes Albrecht, den Grafen

Adolf von Nassau. [1]) Dieser war zu schwach, um das königliche Ansehen in Deutschland zu heben. Von Haus aus arm, suchte er zur Begründung einer Hausmacht das eigentliche Thüringen an sich zu bringen, hatte aber hierin einen schlechten Erfolg. Weil er sich mit dem König von England wider Frankreich verband, und sonst auch seinen Obliegenheiten gegen die deutschen Fürsten nicht nachkam, so wurde er des deutschen Thrones entsetzt und Rudolfs I. Sohn, Albrecht I., zum deutschen König ernannt. Adolf versuchte den Kampf gegen seinen Gegner Albrecht, ward aber von diesem bei Gölheim [2]) 1298 besiegt und verlor dabei das Leben.

Albrecht I. von Oesterreich regierte gleich Anfangs kraftvoll, nahm den rheinischen Fürsten die von ihnen eingeführten Rheinzölle, und wollte die erledigten Reichsgüter Böhmen, Holland und Thüringen zum Besten seines eigenen Hauses einziehen, war aber hierin nicht glücklich. Ebenso wenig gelangte er in der Schweiz

---

[1]) Die Burg Nassau an der Lahn zwischen Ems und Limburg.

[2]) In der heutigen bayer. Rheinpfalz, westlich von Worms.

zum Ziele. Die dortigen Waldstätte, Uri, Schwyz und Unterwalden, über welche das Haus Habsburg die Schirmherrschaft besaß, über die Bedrückungen österreichischer Landvögte, wie erzählt wird, erbittert, rissen sich vom Hause Habsburg los[1]), wollten reichsunmittelbar sein, und schlossen einen Freiheitsbund 1308, der die Grundlage zur Schweizer Eidgenossenschaft bildete.

König Albrecht I. wurde von seinem Brudersohne Johann von Schwaben (Johann Patricida) und mehreren andern Verschwornen bei Windisch zwischen der Aar und Reuß aus Privatrache ermordet. Einen Römerzug hatte Albrecht I. nicht unternommen; auch hatte Papst Clemens V. im Jahre 1305 seinen Sitz von Rom nach Avignon (Avenio), einer päpstlichen Stadt an der Rhone, verlegt, in welcher die Päpste 72 Jahre residirten. Auf Albrecht I. folgte

Heinrich VII., Graf von Luxemburg, der 1309 den Schweizer Waldstätten die Reichsunmittelbarkeit bestätigte und sie vor Gerichtsbarkeit der Habsburger entzog. Heinrich brachte die Krone Böhmens durch seinen von den Böhmen zum König begehrten Sohn Johann an sein Haus und erhob Luxemburg zu einem Herzogthum.

Im Jahre 1310 unternahm Heinrich VII. auch einen Zug nach Italien, empfing zu Mailand die lombardische und zu Rom durch einen päpstlichen Legaten die Kaiserkrone. Das von dem neapolitanischen König Robert unterstützte Florenz konnte der Kaiser nicht unterwerfen. Er starb plötzlich 1313 zu Buonconvento[2]). Nach seinem Tode wählte ein Theil der Fürsten den Wittelsbacher

Ludwig V., Herzog von Bayern, ein anderer Theil den Habsburger, Friedrich den Schönen von Oesterreich, den Sohn des getödteten Albrecht I. Beide hatten ihren großen Anhang. Zu Ludwig dem Bayer hielten die Städte, besonders die schweizerischen Waldstätte. Bei Morgarten[3]) in der Schweiz kam es 1315 zwischen Friedrichs Bruder, Leopold und den Eidgenossen zur Schlacht, in welcher der Habsburger besiegt wurde; Ludwig bestätigte hierauf

---

[1]) In diese Zeit fällt die Sage von Wilhelm Tell.

[2]) Etwas südöstlich von Siena in Toscana.

[3]) Im heutigen Canton Zug, südöstlich von der Stadt Zug.

5*

ben Waldstätten ihre Freiheiten. Später im Jahre 1322 brachte Ludwig bei Mühldorf[1]) und Ampfing durch den tapfern Feld-
hauptmann S ch w e p p e r m a n n von Nürnberg seinem Gegner Friedrich
dem Schönen eine Niederlage bei und nahm ihn gefangen, versöhnte sich
aber bald mit ihm und lebte mit Friedrich in innigster Freundschaft
bis zu dessen im Jahre 1330 erfolgten Tode. Der unter franzö-
sischem Einflusse stehende Papst Johann XXII., welcher in Avignon
residirte, wollte aber Ludwig nicht anerkennen und that ihn in den
Bann. Dieser hingegen zog 1327 über die Alpen, empfing zu
Mailand die italienische, zu Rom die Kaiserkrone und stellte
dem Papst Johann XXII. einen Gegenpapst auf, der sich Nicolaus V. nannte. Dieser that jedoch später vor dem rechtmäßigen
Papste Johann XXII. Buße, und auch Ludwig mußte, von den
Italienern verlassen, bald die Rückkehr antreten. Auf diesem Rückzuge setzte er zu P a v i a 1329 in einem das Wittelsbacher Haus
betreffenden Vertrage — Hausvertrag zu Pavia — fest, daß
die R h e i n p f a l z oder untere Pfalz und die heutige O b e r p f a l z
den Söhnen seines verstorbenen Bruders Rudolf gehören, dagegen
O b e r b a y e r n ihm und seinen Nachkommen verbleiben solle. Als später der französische König die Aussöhnung Ludwigs mit dem Papste
Benedikt XII., dem Nachfolger Johann's XXII., vereitelte, so erklärten die deutschen Wahlfürsten 1338 auf dem K u r t a g e z u
R h e n s e[2]) am Rhein, daß der von ihnen rechtmäßig gewählte
König auch König und Kaiser sei ohne päpstliche Bestätigung.

Ludwig der Bayer hatte während seiner Regierung viele erledigte Reichslehen, nämlich die Markgrafschaft Brandenburg, die
Grafschaft Tyrol, Holland, Seeland[3]), Friesland und Utrecht auf
kurze Zeit an das bayerische Haus gebracht. Wegen dieser Vergrößerung seiner Hausmacht grollten ihm viele deutsche Fürsten und da
er auch die Margaretha Maultasch von Tyrol von ihrem Gemahle
geschieden und seinem Sohne Ludwig vermählt hatte, so brachte es
Papst Clemens VI. dahin, daß die meisten deutschen Wahlfürsten

---

[1]) In Oberbayern; Mühldorf am Inn, westlich von Altötting, und Ampfing
westlich von Mühldorf.

[2]) Südlich von Coblenz.

[3]) An den Mündungen der Schelde im heutigen Königreich Holland.

zu Rhenſe 1346 dem Kaiſer einen Gegenkönig in der Perſon des böhmiſchen Thronerben, Karl von Luxemburg wählten. Lud=wig ſtarb ſchon im Jahre 1347, vom Schlage gerührt, bei Für=ſtenfeld [1]) und in der Liebfrauenkirche zu München ward darauf ſein Leib zur Ruhe beſtattet.

Karl IV., von Böhmen=Luxemburg, ein Enkel des Kaiſers Heinrich VII., wurde nach dem plötzlichen Tode Ludwigs V. faſt überall anerkannt, obwohl er an dem Grafen Günther von Schwarz=burg[2]) einen Gegenkönig erhielt, welcher jedoch ſchon 1349 ſtarb.

Er erwarb ſeinem Hauſe die Lauſitz, Schleſien, Brandenburg, und einen Theil der Oberpfalz, ließ ſich insbeſondere das Wohl ſeines Stammlandes Böhmen angelegen ſein und gründete zu Prag 1348 die erſte deutſche Univerſität. Nachdem er 1355 zu Mailand die eiſerne und zu Rom die Kaiſerkrone empfangen hatte, beſtätigte er auf den Reichstagen zu Nürnberg und Metz ein für Deutſchland höchſt wichtiges Reichsgeſetz, die goldene Bulle[3]), durch welche das Recht, den deutſchen König zu küren oder zu wählen, blos' ſieben Reichsfürſten, drei geiſtlichen und vier welt=lichen eingeräumt wurde. Kurfürſten waren demnach folgende: die Erzbiſchöfe von Mainz, Trier und Cöln, dann der König von Böhmen, der Pfalzgraf am Rhein, der Markgraf von Brandenburg und der Herzog von Sachſen=Wittenberg. Die Kurfürſten erhielten zugleich durch dieſe Bulle theilweiſe Souveränetätsrechte in ihren Gebieten.

Unter Karl IV. erreichte die Hanſa, mit Lübeck an der Spitze, die höchſte Blüthe. Ebenſo erweiterte ſich der Bund der Schweizer Eidgenoſſenſchaft durch den Beitritt von Zürich, Bern und anderen Orten. Deßgleichen ſchloſſen im Jahre 1376 mehrere ſchwäbiſche Städte den ſchwäbiſchen Städtebund zum Schutze ihrer Rechte beſonders gegen den Grafen Eberhard von Wirten=berg[4]). Aber auch Rittergeſellſchaften, wie die Löwen= und St. Georgsritter, traten in dieſer Zeit auf, um alte Vorrechte zu behaupten, und den Fürſten wie den Städten Trotz zu bieten.

[1]) Weſtlich von München.
[2]) Die Schwarzburg ob der Schwarza, ſüdweſtlich von Blankenburg, im Fürſtenthum Schwarzburg=Rudolſtadt.
[3]) So genannt von der Kapſel (bulla), in welcher ſich das Siegel befand.
[4]) Die Burg Wirtenberg oder Würtemberg am Neckar, öſtlich von Stuttgart.

Unter Karl's Regierung rafften in Deutschland und andern
Ländern eine ausgebrochene Hungersnoth, ein furchtbares Erdbeben
und eine schreckliche Pest, der sogenannte „schwarze Tod", Tausende
von Menschen hinweg.

Durch Bestechung der Fürsten sicherte Karl IV. seinem Sohne
Wenzeslaus die Nachfolge im deutschen Reich.

Wenzeslaus dachte noch weniger an Deutschlands Wohl, als
sein Vater Karl IV.; in seinem Stammland Böhmen dagegen führte
er blutigen Krieg mit dem Adel. So ließ er auch den Beichtvater
seiner Gemahlin, den hl. Johannes von Nepomuk, in die Moldau werfen, weil dieser ihm die Beichte der Königin nicht offen-
barte. Während dessen kam es zu Feindseligkeiten zwischen Herzog
Leopold von Oesterreich und den Schweizer Eidgenossen.
Diese, darüber erbittert, weil der Herzog einige Zollstätten gegen
sie errichtet hatte, traten ihm bei Sempach[1]) 1386 bewaffnet
entgegen und die heldenmüthige Aufopferung Arnolds von
Winkelried aus Unterwalden verschaffte ihnen den Sieg. Herzog
Leopold blieb mit vielen Rittern todt auf dem Schlachtfelde. Nicht
so glücklich im Kampfe waren die andern deutschen Städtevereine: Die
ober- und niederschwäbischen Städte wurden 1388 von dem
Grafen Eberhard dem Greiner oder Rauschebart von Wirtenberg im Wurmthal[2]) unweit Weil besiegt; das Heer der
rheinischen Städte wich bei Worms vor der Uebermacht des
Kurfürsten Ruprecht II. von der Pfalz und auch die Würzburger Bürger mußten sich nach den Schlachten bei Ochsenfurt[3])
1338 und Bergtheim[4]) 1400 den Würzburger Bischöfen unterwerfen. Wenzel löste alsdann die Städtebündnisse auf und ver-
kündete einen allgemeinen Landfrieden. Im Jahre 1395 erhob
Wenzel Mailand zu einem Herzogthum. In Böhmen herrschte
allgemeine Unzufriedenheit über Wenzels rohes und grausames Be-
nehmen.

---

1) Nordwestlich von der Stadt Luzern im heutigen Canton Luzern.
2) Bei Döffingen im heutigen Neckarkreise des Königreichs Würtemberg, südwestlich von Stuttgart.
3) Am Main, im bayerischen Kreise Unterfranken.
4) Zwischen Würzburg und Schweinfurt.

Nachdem er mehrmals von seinen eigenen Verwandten gefangen genommen wurde, so setzten ihn, als einen Nachlässigen und Unwürdigen, mehrere Kurfürsten 1400 ab, und wählten den Wittelsbacher Ruprecht (III.), pfälzischen Kurfürsten, zum deutschen Kaiser. Wenzel starb im Jahre 1419.

Ruprecht von der Pfalz. Obwohl derselbe bei seiner Thronbesteigung Abstellung aller Unordnungen gelobte, so gelang ihm jedoch dieses nicht. Auf einem Zuge nach Italien konnte er Nichts ausrichten und mußte sofort wieder heimkehren. In Deutschland hatten die Gegner Ruprechts mit einigen Städten den Marbacher¹) Bund geschlossen, und der Kaiser mußte den Forderungen der Bundesglieder so viel als möglich genügen. Da die Anhänger des abgesetzten Wenzel für diesen auftraten, und Sigmund, Wenzels Bruder, gleichfalls sich der deutschen Krone bemächtigen wollte, so wäre ein Bürgerkrieg ausgebrochen, wenn ihn nicht der Tod Ruprechts 1410 unterdrückt hätte.

Nach dem Tode Ruprecht's von der Pfalz wählten zwar mehrere Kurfürsten den Markgrafen Jobocus (Jobst) von Mähren, den Vetter Sigismunds; da aber Jobst bald starb, so ward der Luxemburger

Sigismund, Karls IV. zweiter Sohn, durch Vermählung mit der ungarischen Thronerbin bereits König von Ungarn, einstimmig als deutscher König bestätigt. Bei seiner Wahl verpflichtete er sich, die in der Kirche eingerissene, bereits vierzig Jahre bestehende Spaltung (Schisma) aufzuheben, und die Lombardei mit Mailand für Deutschland wieder zu gewinnen. Sigismund brachte es auch auf einem Zuge nach Italien in friedlicher Weise dahin, daß viele lombardische Gemeinden ihn als Oberherrn anerkannten, und daß der Papst Johann XXIII. in die Abhaltung einer allgemeinen Kirchenversammlung zu Constanz zur Hebung des Schisma einwilligte. Dieses entstand nämlich dadurch, daß nach dem Tode des Papstes Gregor XI., der 1377 seinen Sitz von Avignon nach Rom verlegt hatte, Anfangs zwei, später drei, von denen nur einer der rechtmäßige Papst war, die höchste Würde

¹) Im Neckarkreis des Königreichs Württemberg.

der Kirche sich streitig machten. Durch das Concil von Con=
stanz 1414—1418 wurde jedoch die Spaltung dadurch gehoben,
daß der von der Kirchenversammlung gewählte Papst Martin V. die
allgemeine Anerkennung erhielt und von den andern Päpsten einer frei=
willig abdankte, und die zwei übrigen abgesetzt wurden. Das Constanzer
Concilium beschäftigte sich auch mit der Untersuchung der Irrlehre des
Johann Hus, Professors der Theologie in Prag, welcher, nach
dem Vorgange des Orforder Theologen Wiklef, unter Anderem
behauptete, alle Gewalt gehe durch eine Todsünde verloren, die
Beichte sei unnütz, der Papst habe keinen Vorrang (Primat) vor
den übrigen Bischöfen. Mit Johann Hus war ein Prager Edel=
mann, Hieronymus Faulfisch, welcher jenem die Schriften
Wiklefs überbracht hatte, enge verbündet. Beide verkündeten
öffentlich ihre Irrthümer und es kam in Folge dessen sogar zu
blutigen Auftritten in Böhmen. Hus, zur Verantwortung vor das
Concil von Constanz vorgeladen, zeigte sich auf demselben hart=
näckig und da er nicht widerrief, so ward er für einen Irrlehrer
erklärt, und dem gemäß verurtheilte ihn die weltliche Obrigkeit
nach dem damaligen Gesetzbuche des „Schwabenspiegels" 1415 zum
Feuertode, und ein Jahr später auch den auf seinen Irrthümern
beharrenden Hieronymus Faulfisch. Die Anhänger des verbrannten
Hus, die Hussiten, suchten den Lehren ihres Meisters mit Ge=
walt Eingang zu verschaffen und erregten in Böhmen besonders
gegen die katholische Geistlichkeit einen Aufuhr, der bald in den
furchtbaren
    Hussitenkrieg von 1419—1434 überging. Die Hus=
siten selbst schieden sich in zwei Parteien: die gemäßigten der=
selben waren die Calirtiner oder Utraquisten, so genannt,
weil sie das Abendmahl unter beiden Gestalten (sub utraque specie)
verlangten; dagegen die Taboriten, nach dem von ihnen als
Tabor bezeichneten Berg [1]) benannt, wollten die kirchliche und welt=
liche Ordnung ganz umstürzen; an ihrer Spitze standen Nicolaus
von Hussinecz [2]) und Johann Ziska, und nach Ziskas Tode

---

[1]) Zwischen Prag und Linz, im heutigen taborer Kreis in Böhmen.

[2]) Südlich von Prag, im brachimer Kreis in Böhmen.

ging aus ihnen eine dritte Partei hervor, die Waisen oder Or=
phaniten, so genannt, weil sie Anfangs ohne Anführer blieben.
König Wenzel von Böhmen war 1419 gestorben, und sein Bruder,
der deutsche König Sigmund, sollte ihm in Böhmen nachfolgen;
aber die Hussiten erkannten ihn nicht an, da er mit großer Strenge
gegen sie verfuhr. Als Sigmund mit einem großen Heere in
Böhmen einrückte, so schlossen die hussitischen Parteien ein Schutz=
und Trutzbündniß, schlugen unter Ziska Sigmunds Heer bei
Prag 1420 und bei Deutschbrod[1] 1422, besiegten dann nach
dem Tode Ziskas unter Prokopius dem Großen die Sachsen
und Thüringer 1426 bei Außig[2] an der Elbe, ebenso trieben
sie ein deutsches Heer bei Mies[3] 1427 in die Flucht und tödteten
viele Tausende der Fliehenden; dabei verwüsteten und brandschatzten
sie die Nachbarländer. Prokop besiegte dann 1430 bei Grimma[4]
an der Mulde den Kurfürsten von Sachsen. Ein weiteres deutsches
Reichsheer ergriff vor den Hussiten bei Tauß[5] 1431 schmählig
die Flucht, und das ganze Lager desselben fiel den Hussiten in die
Hände. Da gelang es endlich dem Concil von Basel[6], wel=
ches 1431 seinen Anfang nahm, den Frieden wenigstens mit den
Calirtinern oder Utraquisten wieder herzustellen, indem es den
Empfang des Abendmahls unter beiden Gestalten ihnen erlaubte.
Die Taboriten und Waisen dagegen, traten nun feindselig gegen
die Calirtiner auf, diese aber schlugen jene unweit Böhmisch=
brod[7] 1434, Prokopius selbst fiel, und damit war der Hussiten=
krieg beendet. Jetzt wurde Sigismund in Böhmen und Mähren
als König anerkannt. Zu seinen vier Königskronen, der deutschen,
ungarischen, italienischen und böhmischen, erlangte er noch durch
Papst Eugen IV. die Kaiserkrone 1433 zu Rom.

---

1) Südöstlich von Prag.

2) Nördlich von Prag.

3) Westlich von Pilsen in Böhmen.

4) Südöstlich von Leipzig.

5) Südlich von Pilsen, im Klattaner Kreis in Böhmen.

6) Das Baseler Concil dauerte mit Unterbrechungen 1431—1448; dasselbe
wurde jedoch nicht ganz in Basel abgehalten, sondern Papst Eugen IV. verlegte
es später nach Ferrara und dann nach Florenz.

7) Oestlich von Prag.

Während des Concils von Constanz erhob auch Sigismund
die Grafen von Savoyen und Cleve[1]) zu Herzogen, und
belehnte 1417 den Hohenzollern[2]), Friedrich VI., Burggrafen
von Nürnberg und Fürst von Bayreuth, Kulmbach
und Ansbach mit dem Kurfürstenthum Brandenburg. Von
dem nunmehrigen Kurfürsten Friedrich I. von Brandenburg
stammt die preußische Königsfamilie ab. Ebenso übertrug Sig=
mund das Kurfürstenthum Sachsen 1423 Friedrich dem
Streitbaren, Markgrafen von Meißen und Landgrafen von
Thüringen, aus dem Hause Wettin. Mit Sigismund erlosch
1437 das Haus Luxemburg. Ihm folgte in der Regierung sein
Schwiegersohn Herzog Albrecht von Oesterreich.

II.

Kaiser aus dem Hause Habsburg-Oesterreich bis zur großen Kirchen= trennung 1438—1519.

1. Albrecht II.[3]) 1438—1439,
2. Friedrich III. 1440—1493.
3. Maximilian I. 1493—1519.

Albrecht II., bereits König von Ungarn und Böhmen, war
eifrig bemüht, den Landfrieden in Deutschland aufrecht zu erhalten,
aber leider starb er schon ein Jahr nach seiner Krönung. Er
hinterließ einen Sohn Ladislaus Posthumus, der eine kurze
Zeit König von Böhmen und Ungarn war. Auf Albrecht II.
folgte sein Neffe, der Herzog von Steiermark.

Friedrich III. Seine drei und fünfzigjährige Regierung ver=
lief sehr unruhig und stürmisch, und die mächtigsten Ereignisse
fanden während derselben statt. Er unternahm einen Römerzug
und empfing zu Rom die Kaiserkrone. Nach dem Tode seines

---

[1]) Das Herzogthum Cleve lag unterhalb Köln, zu beiden Seiten des
Rheins.

[2]) Die Burg Hohenzollern, südlich von Hechingen, im Fürstenthum Hohen=
zollern-Hechingen.

[3]) Von Albrecht II. an gingen alle folgenden deutschen Kaiser aus dem
Hause Habsburg hervor.

Vetters Ladislaus Posthumus konnte Friedrich III. weder die böhmische, noch die ungarische Krone erlangen, da die Böhmen ihren Statthalter Podiebrad, die Ungarn den Mathias Corvinus zu Königen erwählten. Friedrich III. mußte es auch geschehen lassen, daß der tapfere Bandenführer (Condottiere) Franz Sforza, das Herzogthum Mailand an sich brachte.

In Folge französischen Einflusses kam Friedrich III. auch in Mißhelligkeiten mit Karl dem Kühnen, Herzog von Burgund (reg. 1467—1477). Dieser, der Herr des Herzogthums (Bourgogne) und der Freigrafschaft Burgund (Franche Comté), sowie des größten Theils der Niederlande, beanspruchte vom Kaiser den Königstitel; Friedrich dagegen verlangte für seinen Sohn Maximilian die Tochter Karls, Maria, die Erbin von Burgund, zur Ehe. Die Unterhandlungen zerschlugen sich alsbald und Karl der Kühne griff hierauf deutsches Gebiet an und eroberte 1476 Lothringen; als er aber die Schweizer, welche in Burgund eingefallen waren, in ihrem eigenen Lande bekriegen wollte, wurde er von denselben bei Granson[1]) und Murten[2]) 1476 geschlagen und verlor bei Nancy[3]) 1477 gegen den Herzog Renatus von Lothringen und die Schweizer Sieg und Leben. Jetzt erst gelang es Friedrich III., die Vermählung seines Sohnes Maximilian mit der burgundischen Prinzessin zu bewerkstelligen und das burgundische Erbe, mit Ausnahme des von Frankreich beanspruchten Herzogthums Burgund, an das Haus Oesterreich zu bringen. Auch erlebte Friedrich noch, daß seinem Sohne Maximilian Tyrol zufiel.

Unter Friedrichs III. Regierung machten die Türken durch Eroberung Constantinopels 1453 dem griechischen Kaiserthum ein Ende und dehnten in der Folge ihre Raubzüge bis nach Steiermark und Kärnthen aus. Dagegen hörte durch die Eroberung des maurischen Königreichs Granada 1492 die Herrschaft der Mauren in Spanien auf. Durch Johann Guttenberg von Mainz ward in jener Zeit auch die Buchdruckerkunst erfunden,

---

[1]) Im Canton Freiburg, am Murtensee.

[2]) Im Canton Waadt, am südwestlichen Ufer des Neuenburger oder Neufchateller See's.

[3]) An der Meurthe, in Lothringen.

und durch ben Genuesen **Christoph Columbus** 1492 Ame= rika entdeckt.

Auf Friedrich III. folgte sein Sohn, der ritterliche

Maximilian I. Im Jahre 1495 brachte er auf dem Reichs= tage zu Worms einen ewigen Landfrieden zur Unterdrückung des Faustrechtes und der unerlaubten Selbsthilfe zu Stande. Im näm= lichen Jahre erhob er auch die Grafschaft Würtemberg zu einem Herzogthum. Um die Streitigkeiten der Reichsstände (der Fürsten, Abeligen und der Reichsstädte) zu schlichten, wurde ein aus einem Kammergerichte und sechzehn Beisitzern bestehendes Reichskam= mergericht gegründet, welches Anfangs in Frankfurt am Main, dann in Speyer und seit 1689 in Wetzlar an der Lahn seinen Sitz hatte. Auf dem Reichstage zu Köln 1512 wurde zur Befestigung des Landfriedens und zur Handhabung der Ordnung Deutschland in zehn Kreise eingetheilt; diese waren:

1) Der österreichische Kreis [1]),
2) der bayerische Kreis [2]),
3) der schwäbische Kreis [3])
4) der fränkische Kreis [4]),
5) der oberrheinische Kreis [5]),
6) der kurrheinische Kreis [6]),
7) der niederrheinische oder westphälische Kreis [7]),

---

[1]) Er begriff Oesterreich, Steiermark Tyrol u. s. w.

[2]) Er umfaßte Bayern und die Oberpfalz und die Bisthümer Salzburg, Regensburg, Freising und Passau.

[3]) Er umfaßte das Herzogthum Würtemberg, die Markgrafschaft Baden, nebst den Bisthümern Augsburg und Constanz.

[4]) Er begriff die Bisthümer Würzburg, Bamberg und Eichstädt, die Mark= grafschaft Ansbach und Bayreuth, nebst verschiedenen Grafschaften und Reichs= städten.

[5]) Er begriff die Kurpfalz und die Erzbisthümer Kurmainz, Kurtrier und Kurköln.

[6]) Der oberrheinische Kreis mit den Bisthümern Worms, Speyer, Straß= burg und andern; dann mit Lothringen, den Herrschaften von Simmern und Zweibrücken u. s. w.

[7]) Er umfaßte verschiedene Bisthümer, wie Münster, dann Jülich, Cleve und Berg, verschiedene Grafschaften, wie Nassau, und Reichsstädte.

8) der oberſächſiſche Kreis [1]),
9) der niederſächſiſche [2]) und
10) der burgundiſche Kreis [3]).

So beſorgt Max um das Wohl des Reiches war, ſo war er
doch oft unglücklich, ſowohl bei innern Fehden als auch bei Reichs=
kriegen. Den Schweizer Eidgenoſſen, die ſich nichts um Kaiſer
und Reich bekümmerten, mußte er ihre Forderungen bewilligen.
Die Venetianer verlegten ihm den Weg nach Rom und er mußte
ſich mit Zuſtimmung der Reichsfürſten mit dem Titel „Erwählter
römiſcher Kaiſer" begnügen. Die von ihm zur Züchtigung der
Venetianer mit dem franzöſiſchen und ſpaniſchen Könige, ſowie mit
dem Papſte Julius II. 1508 gebildete Liga von Cambray [4])
löſte ſich bald auf und der Kaiſer konnte ebenſowenig ſpäter Etwas
durch den „heiligen Bund", welchen er gegen die franzöſiſche
Herrſchaft in Oberitalien mit den Venetianern, Spaniern und an=
dern geſchloſſen hatte, ausrichten; und nachdem ſchon vorher die
Spanier ſich bereits des Königreichs Neapel [5]) bemächtigt hatten,
eroberten die Franzoſen durch die Schlacht bei Marignano [6])
1515 ganz Oberitalien.

Als die Türken einen Raubzug nach Deutſchland befürchten
ließen, ſo forderte Max von den Reichsſtänden die ſogenannte
Türkenſteuer, aber ſie verſagten ihm dieſelbe.

Glücklicher dagegen war Max in der Vergrößerung ſeiner
Hausmacht durch die Vermählung ſeines Sohnes Philipp mit
der caſtilianiſchen Prinzeſſin Johanna, der ſpaniſchen
Thronerbin; der Sohn dieſer beiden, Karl, wurde nach dem

---

[1]) Er begriff die Kurfürſtenthümer Sachſen und Brandenburg und andere
Gnaſſchaften.

[2]) Er umfaßte ſieben Bisthümer (z. B. Bremen), vier Herzogthümer, wor=
unter Braunſchweig und mehrere Reichsſtädte.

[3]) Er begriff Hochburgund die Niederlande.

[4]) An der Schelde, ſüdweſtlich von Brüſſel, im heutigen nördlichen
Frankreich.

[5]) Neapel blieb bis zum Jahre 1708 bei Spanien.

[6]) Am Lambro, öſtlich von Pavia in der Lombardei.

Tode seines Vaters Philipp der Beherrscher von ganz Spanien mit
Einschluß Amerikas und später nach Maximilians Tode deutscher
Kaiser (Karl V.). Ebenso sorgte Max durch Heirathen seiner
beiden Enkel (Ferdinand und Maria, der Geschwister Karls) mit
den Kindern des Königs Wladislaus von Böhmen und Ungarn
für die künftige Vereinigung Ungarns und Böhmens mit dem österreichischen Hause. In Folge des veränderten Kriegswesens, der
Erfindung der Buchdruckerkunst, der Entdeckung Amerikas, und der
Auffindung des Seeweges nach Ostindien ging mit Maximilian I.
das Mittelalter zu Ende.

In seine letzten Lebenstage fällt die Verkündigung des vom
Papste Leo X. ausgeschriebenen Ablasses und das Auftreten des
Augustinermönches, Dr. Martin Luther. Um nämlich den Bau
der von Julius II. angefangenen Peterskirche in Rom vollenden
zu können, schrieb der Papst Leo X. einen allgemeinen Ablaß
aus, dessen Jeder theilhaftig werden sollte, der aufrichtig seine
Sünden bereue, dieselben mit dem Vorsatze einer ernsten Lebens-
besserung beichte und zu obengenanntem Baue nach Kräften bei-
steuere. Der Papst übertrug dem Kurfürsten und Erzbischof Albrecht von Mainz die Verkündigung des Ablasses in Deutschland; dieser hingegen betraute mit der Bekanntmachung desselben
den Dominikanerorden. Der Mißbrauch, welchen Manche mit dem
Ablasse trieben, veranlaßte den Dr. Martin Luther, Augustiner-
mönch und Professor zu Wittenberg, gegen den Mißbrauch des
Ablasses sich öffentlich zu erklären; am Vorabende von Allerhei-
ligen 1517 schlug er fünf und neunzig Sätze (Thesen), in denen
er theilweise die katholische Lehre von der Rechtfertigung des Sün-
ders, vom Ablasse, von dem Vorrang des Papstes u. s. w. angriff,
an die Schloßkirche von Wittenberg an, und erbot sich zu deren
Vertheidigung. Luther wurde vom Cardinal Cajetan 1518 auf
den Reichstag nach Augsburg zur Verantwortung beschieden;
er erschien zwar dort, reiste aber bald wieder ab, ohne zu wider-
rufen. Und als später der Papst Leo X. in einer Bulle 41 Sätze
(Thesen) Luthers als falsch erklärte und jenen bei Strafe des
Kirchenbannes zum Widerruf aufforderte, so verbrannte Luther
1520 das kanonische Recht, (die Bücher des Kirchenrechts)
und die päpstliche Bulle vor dem Thore Wittenbergs. Mit

Luther hielten es der gelehrte Philipp Melanchthon und Dr. Karlstadt[1]). Dies war der Anfang von der großen abendländischen Glaubensspaltung, einem Ereignisse, dessen Folgen noch bis in die Gegenwart fortdauern. Unter den Ursachen aber, welche die kirchliche Trennung vorbereiteten und zu ihrer schnellen Ausdehnung beitrugen, waren die hauptsächlichsten:

1) Der vor einem Jahrhunderte ausgestreute Same der Lehren eines Wiklef und Hus trug Vieles dazu bei.

2) Eine große Anzahl der damaligen Geistlichen war allzusehr verweltlicht und hatte ihre Berufspflichten nicht gewissenhaft erfüllt, und manche Reichsbischöfe waren mehr weltliche Fürsten, als geistliche Oberhirten.

3) Viele weltliche Herren schauten lüstern nach den reichen Gütern der Kirche und wünschten eine Gelegenheit, sich derselben bemächtigen zu können.

4) Bei dem Wiedererwachen des Studiums der Alten in jener Zeit kam es zwischen den Humanisten, welche dieses Studium pflegten, und den Theologen zu einem heftigen Streit, der gleichfalls leicht nachtheilig für die Glaubenseinheit werden konnte. Ebenso hatte die Astrologie Einfluß auf die große kirchliche Umwälzung.

5) Auch die Erfindung der Buchdruckerkunst wirkte mittelbar, durch die schnelle Verbreitung neuer Lehren zum Umsturze der bestehenden kirchlichen Ordnung mit.

---

[1]) Sein eigentlicher Name war Bodenstein; man nannte ihn aber gewöhnlich nach seinem Geburtsorte Karlstadt am Main unterhalb Würzburg.

Fünfter Abschnitt.

Vom Beginn der abendländischen Glaubensspaltung bis zum westphälischen Frieden.

Kaiser aus dem Hause Habsburg-Oesterreich bis zum westphälischen Frieden 1519—1657.

1. Karl V. 1519—1556.
2. Ferdinand I. 1556—1564.
3. Maximilian II. 1564—1576.
4. Rudolf II. 1576—1612.
5. Matthias 1612—1619.
6. Ferdinand II. 1619—1637.
7. Ferdinand III. 1637—1657.

Karl V. Da der Kurfürst Friedrich der Weise von Sachsen-Wittenberg nach dem Tode Maximilians I. die deutsche Krone ausschlug, so wurde auf seine Empfehlung Maxens Enkel, der spanische König Karl (I.)[1] als deutscher König erwählt und dann zu Aachen gekrönt. Karl V. nahm den Titel „Erwählter römischer Kaiser" an.

Auf dem Reichstage zu Worms 1521 ward Martin Luther von dem Kaiser Karl vorgeladen, um sich zu rechtfertigen. Luther, der sicheres Geleit nach Worms erhalten und sich des besonderen Schutzes des sächsischen Kurfürsten Friedrich des Weisen zu erfreuen hatte, war vor dem Kaiser und der Fürstenversammlung erschienen, verharrte jedoch auf seiner Lehre, es sei denn, daß man ihn widerlege. Luther reiste wegen der ihm bevorstehenden Strafe schnell von Worms ab und hierauf sprach der Kaiser durch das Wormser Edikt die Reichsacht über ihn aus; Luther jedoch wurde auf der Heimreise von ver-

---

[1] Karl V. war der Beherrscher Spaniens mit Einschluß Amerika's und der ostindischen Inseln, Herr von Neapel, Burgund und Oesterreich, deutscher König und römischer Kaiser, so daß er sagen konnte, in seinem Reiche gehe die Sonne nicht unter. —

lappten Rittern auf Befehl Friedrichs des Weisen aufgehoben und zu seiner Sicherheit auf die Wartburg bei Eisenach[1]) gebracht, wo er die Bibel übersetzte und mehrere Schriften gegen Papst und Kirche schrieb.

Um diese Zeit warf sich auch in der Schweiz Ulrich Zwingli, bisher Pfarrer zu Zürich, zu einem Kirchenverbesserer (Reformator) auf, gerieth aber mit Luther in Bezug auf seine Lehre vom Abend= mahl in den heftigsten Streit. Da Zwingli später darauf bestand, daß die Glaubensneuerung auch in Unterwalden, Schwyz, Uri und Zug mit Gewalt eingeführt werden sollte, so kam es zum Kampfe zwischen den treugebliebenen Katholiken und den Zürchern bei Kappel[2]) 1531; Zwingli fiel hier, und man mußte den Katho= liken ihre Rechte wieder einräumen. Nach dem Beispiele Luthers und Zwingli's erhoben sich die Wiedertäufer, an deren Spitze Thomas Münzer, ein Schüler Luthers, stand; sie verwarfen die Kindertaufe und wollten ein Reich der Heiligen aufrichten, in welchem alle Güter gemein seien, und das keiner Obrigkeit bedürfe.

Der Bauernkrieg. Im Jahre 1524 empörten sich, vorzüglich durch die Schriften des Ritters Ulrich von Hutten, sowie durch die Predigt Luthers von der evangelischen Freiheit aufge= muntert, die durch Lasten hartbedrückten Bauern im südlichen Deutschland und begannen den verheerenden Bauernkrieg, der sich von Schwaben aus über Franken, die Rheingegenden bis nach Lothringen verbreitete; ebenso hatte der oben genannte Thomas Münzer einen Aufruhr unter den thüringischen Bauern veranlaßt. Während nun der thüringische Aufstand bei Frankenhausen an der Wipper[3]) 1525 unterdrückt und Münzer mit andern hin= gerichtet wurde, schlug um dieselbe Zeit Georg Truchseß von Waldburg, der Feldherr des schwäbischen Bundes, die fränkischen und schwäbischen Bauern an verschieden Orten, wie Ingolstadt, Würzburg.

---

[1]) Im nordwestlichen Theile des heutigen Großherzogthums Sachsen= Weimar.

[2]) Im Canton Zürich, an der Grenze des Cantons Zug.

[3]) Im Fürstenthum Schwarzburg-Rudolstadt, nördlich von Erfurt.

Fortschritte der kirchlichen Trennung. Unter den Reichsfürsten trat im Jahre 1525 der Hochmeister des deutschen Ordens, Albrecht von Brandenburg, zu Luthers Lehre über, und nahm mit dem Titel eines Herzogs das dem deutschen Orden gehörige östliche Preußen als Lehen von Polen. Nach ihm bekannten sich Kurfürst Johann von Sachsen=Wittenberg, der Landgraf Philipp von Hessen und andere zur neuen Lehre. Mehrere der lutherischen Fürsten schlossen sofort zum Schutze ihres Glaubens ein Bündniß zu Torgau an der Elbe[1]), und als auf dem Reichs= tage zu Speyer 1529 ausgesprochen wurde, daß man sich jeder Neuerung in Religionssachen enthalten und die katholischen Ge= bräuche nicht abschaffen sollte, so erhoben die Anhänger der neuen Lehre förmlichen Widerspruch (Protestation) dagegen, weßhalb sie seit dieser Zeit „Protestanten" genannt wurden. Karl V., der 1530 zu Bologna vom Papste als römischer Kaiser gekrönt wurde, erschien im nämlichen Jahre auf dem Reichstage zu Augsburg und empfing von den protestantischen Fürsten ein von Philipp Melanchthon abgefaßtes Glaubensbekenntniß — die Augsburger Confession, worin sie ihre vom katholischen Glauben abweichenden Lehren vortrugen. Allein Karl erklärte in dem Augsburger Reichstagsabschiede, die Augsburger Confession sei katholischerseits genügend widerlegt worden, und er gebe den pro= testantischen Ständen noch eine halbjährige Frist, innerhalb welcher sie zur katholischen Kirche zurückkehren sollten. Karl ließ hierauf seinen Bruder Ferdinand zum römischen Könige wählen. Als nun das Reichskammergericht in Folge des Reichstagsabschiedes gegen die protestantischen Stände einschritt, so schlossen diese 1531 einen Bund zu Schmalkalden[2]) zu ihrer Vertheidigung. Da bequemte sich der Kaiser zum (ersten) Religionsfrieden zu Nürnberg 1532, in welchem den Protestanten bis zur Ent= scheidung eines allgemeinen Concilium, oder einer Versammlung der Stände freie Religionsübung gestattet wurde.

Die Wiedertäufer hatten sich unterdessen in Holland aus= gebreitet. Von dort kam Johann Bockholb, ein Schneider aus

---

[1]) In der heutigen preußischen Provinz Sachsen.
[2]) Im heutigen Kurfürstenthum Hessen, nördlich von Meiningen.

Leyden [1]) 1533 nach Münster in Westphalen, vertrieb mit Hülfe des Pöbels die ordentlichen Bürger, führte Gütergemeinschaft ein, verübte dabei die größten Gräuel und wurde zuletzt auch noch von seinen Anhängern zum König des ganzen Erbkreises ausgerufen. Endlich ward Münster im Jahre 1535 von dem Heere des mün=ster'schen Bischofs eingenommen und Bockhold nebst zwei seiner Ge=nossen hingerichtet.

Das Concilium von Trient. Der Forderung des Kaisers und der Protestanten, ein allgemeines Concil zur Schlichtung der Glaubensstreitigkeiten abzuhalten, wurde dadurch entsprochen, daß der Papst Paul III. ein solches nach Trient in Südtyrol aus=schrieb. Als dasselbe wirklich im Jahre 1545 zu Stande kam, so weigerten sich die Protestanten, daran Theil zu nehmen. Das Concil selbst dauerte bis zum Jahre 1563.

Der Schmalkaldische Krieg. Da der katholische Herzog Hein=rich von Braunschweig von dem schmalkaldischen Bunde 1542 aus seinem Lande vertrieben wurde, da überdies die Protestanten jede Theilnahme sowohl am Trienter Concil, als auch an dem zu Regensburg abzuhaltenden Reichstage ablehnten, so verhängte Karl V. die Reichsacht über die Häupter des schmalkaldischen Bundes, den Kurfürsten Johann Friedrich von Sachsen=Wittenberg und den Landgrafen Philipp von Hessen, die sich besonders gewaltthätig und willkührlich gezeigt hatten, und so=gar gegen den Kaiser zum Kampfe ausgezogen waren; Karl beauf=tragte mit der Vollstreckung der Reichsacht den zu ihm überge=tretenen protestantischen Herzog Moritz von Sachsen=Dresden. Herzog Moritz fiel in Kursachsen ein, der Kaiser zog gleichfalls herbei und es begann 1546 der schmalkaldische Krieg. Kur=fürst Johann Friedrich wurde bei Mühlberg [2]) an der Elbe 1547 besiegt und gefangen genommen, und mußte die Kurwürde und den größten Theil seiner Länder seinem Vetter Moritz und dessen Nach=kommen abtreten; nur die thüringischen Güter, aus denen sich die späteren sächsischen Herzogthümer bildeten, wurden seinen

---

[1]) Am alten Rheine, zwischen Haag und Amsterdam in der Niederlande.
[2]) In der preußischen Provinz Sachsen.

Kindern gelassen. Auch der Landgraf Philipp von Hessen, der Schwiegervater des neuen Kurfürsten Moritz, unterwarf sich dem Kaiser und wurde gleichfalls gefangen genommen.

Abfall des sächsischen Kurfürsten Moritz vom Kaiser. Der neue Kurfürst Moritz lohnte dem Kaiser seine Erhebung zum Kurfürsten damit, daß er nebst einigen andern protestantischen Ständen ein Bündniß mit dem französischen König Heinrich II. gegen den Kaiser abschloß, und jenem die lothringischen Städte Metz, Toul und Verdun für seinen Beistand zusagte. Hierauf rückte Moritz rasch gegen Tyrol vor, erstürmte die Ehrenberger Klause[1], und hätte den Kaiser gefangen genommen, wäre dieser nicht schleunigst nach Villach in Kärnthen geflohen. Karl entließ hierauf den gefangenen Johann Friedrich von Sachsen aus der Haft, und willigte in den von seinem Bruder Ferdinand mit den deutschen Fürsten zu Passau 1552 abgeschlossenen Passauer Vertrag. Durch diesen wurde dem Landgrafen Philipp von Hessen die Freiheit gegeben; ferner wurde darin bestimmt, es sollten die Stände der Augsburgischen Confession mit den Katholiken Frieden halten und in ihren Gebieten diesen die Ausübung ihrer Religionspflichten gestatten, und weder der Kaiser, noch die Stände des Reichs dürften bis zu einer künftigen Regelung der Religions= verhältnisse die Gewissensfreiheit ihrer Unterthanen beeinträchtigen. Als der Markgraf Albrecht Alcibiades von Brandenburg-Kulmbach ungeachtet des Passauer Vertrags die Bisthümer Bamberg und Würzburg überfiel, und die Klöster ausplünderte, so zog Moritz von Sachsen gegen ihn, und besiegte ihn 1553 bei Sie= vershausen[2] im Lüneburgischen, wurde aber selbst tödtlich verwundet.

Der Augsburger Religionsfriede kam auf dem Reichstage zu Augsburg 1555 durch König Ferdinand, Karls V. Bruder, zu Stande, und es erhielten demgemäß die protestantischen Stände Augsburger Confession (Lutheraner), nicht aber die

---

[1] Am Lech, im Unterinnthal von Tyrol.

[2] In der Landdrostei Lüneburg des jetzigen Königreichs Hannover, nördlich von Hildesheim.

Zwinglianer, Calviner und Wiedertäufer; gleiche staatliche und bürgerliche Rechte mit den katholischen Ständen; kein Reichsstand sollte den andern, oder dessen Unterthanen, zum Religionswechsel zwingen. Die Protestanten durften die bereits eingezogenen Kirchengüter behalten, jedoch solle ein Bischof, ein Abt, oder überhaupt ein Geistlicher, wenn er zur Augsburger Confession übertrete, sein bisheriges Amt und Einkommen verlieren. Diesem letzten Punkte —geistlicher Vorbehalt, Reservatum ecclesiasticum genannt, stimmten die Protestanten nicht bei.

Karls V. Kriege mit auswärtigen Herrschern. Karl V. hatte fünf Kriege mit Frankreich, einen durch seinen Bruder Ferdinand mit den Türken, und zwei gegen afrikanische Seeräuber zu führen.

Die fünf Kriege mit Frankreich fanden statt:

der erste 1521—1526;
der zweite 1527—1529;
der dritte 1536—1538;
der vierte 1542—1544;
der fünfte 1552—1556.

Erster Krieg mit Frankreich. Karl V. hatte an dem französischen König Franz I., dessen Wunsch, nach dem Tode Maximilians I. deutscher Kaiser zu werden, unerfüllt blieb, einen mächtigen Nebenbuhler. Das von Franz I. in Folge der Schlacht bei Marignano besetzte Herzogthum Mailand wollte Karl als ein deutsches Lehen, sowie das Herzogthum Burgund entreißen. Karls V. Truppen eroberten 1524 Mailand, vertrieben die Franzosen aus Oberitalien und belagerten hierauf Marseille [1]), jedoch ohne Erfolg. Franz I. rückte in Italien ein, nahm zwar Mailand ein, wurde aber alsbald von den kaiserlichen Truppen unter Georg von Frundsberg und dem zum Kaiser übergetretenen Herzog von Bourbon[2]) bei Pavia 1525, besiegt, gefangen genommen und versprach im Madrider Frieden 1526

[1]) Das alte Massilia, am Mittelmeer, in Südfrankreich.
[2]) Das Herzogthum Bourbon lag im mittleren Frankreich und grenzte im Norden an das Herzogthum Bourgogne oder Burgund.

eiblich, auf Mailand [1]), Neapel und Genua verzichten und Burgund an Karl abtreten zu wollen.

Zweiter französischer Krieg. Da der Papst Clemens VII. zur Schwächung der kaiserlichen Herrschaft in Italien mit Frankreich, England, Florenz und Venedig einen Bund — die heilige Liga — schloß, so rückten ohne Karls V. Vorwissen deutsche und spanische Truppen unter dem Herzog von Bourbon gegen Rom vor, erstürmten 1527 Rom, wobei Bourbon fiel, und plünderten es; der Papst mußte fliehen. Zwar waren die Franzosen bis nach Neapel vorgedrungen, aber Krankheiten im französischen Heere und der Uebertritt des genuesischen Seehelden Andreas Doria auf die Seite des Kaisers, entrissen den Franzosen wieder alle Vortheile. Endlich ward der durch fürstliche Frauen herbeigeführte sogenannte Damen-Friede zu Cambray 1529 geschlossen, und Karl überließ dem französischen König Burgund, dieser aber mußte wiederholt auf Mailand und Neapel Verzicht leisten. Auch mit dem Papste söhnte sich Karl aus und empfing zu Bologna, wie oben erwähnt wurde, die lombardische und die Kaiserkrone.

Dritter französischer Krieg. Nach dem im Jahre 1535 erfolgten Ableben des Herzogs Franz Sforza von Mailand erneuerte Franz I. von Frankreich seine Ansprüche auf Mailand und rückte mit einem Heere in Savoyen ein. Karl trieb die Franzosen schnell aus Oberitalien hinaus und verfolgte sie bis in die Provence, mußte aber nach einem mißlungenen Angriff auf Marseille sich zurückziehen. Papst Paul III. vermittelte hierauf zu Nizza [2]) 1538 einen Waffenstillstand zwischen beiden Gegnern.

Vierter französischer Krieg. Der ehrgeizige Franzosenkönig trat nach einem unglücklichen Zuge Karls gegen Algier sogleich wieder mit seinen Ansprüchen auf Mailand hervor, und verbündete sich beßwegen mit den in Ungarn vordringenden Türken und dem zur lutherischen Lehre sich hinneigenden Herzog von Cleve gegen den Kaiser. Karl eilte zuerst an den Niederrhein und erstürmte das dem Herzog von Cleve gehörige feste

---

[1]) Dieses hatte Karl bereits 1521 dem Franz II. Sforza († 1535) als Lehen übertragen.

[2]) Südwestlich von Genua, am Mittelmeere.

Düren[1]), woráuf dieſer ſich unterwarf; dann fiel er in Frankreich ein, und drang bis in die Nähe von Paris. Da entſchloß
ſich Franz I. 1544 zum Frieden von Crespy[2]), demgemäß
Franz I. Burgund, und Karl Mailand behielt. Franz I. ſtarb im
Jahre 1547.

Fünfter Krieg mit Frankreich. Als der franzöſiſche
König Heinrich II., der Sohn des Franz I., die drei lothringi-
ſchen Städte, welche ihm früher Kurfürſt Moritz von Sachſen zu-
geſagt hatte, wegnahm, zog Karl ſelbſt nach Lothringen, und beſiegte
die Franzoſen, mußte aber von der Belagerung des vom Herzog
von Guiſe vertheidigten Metz abſtehen, das nebſt Toul und Verdun
für immer vom deutſchen Reiche losgeriſſen wurde.

Der Krieg mit den Türken 1526—1532. Bereits hatte
der Luxemburger Sigismund, als König von Ungarn, die
furchtbare Macht der Türken in der für die Chriſten unglücklichen
Schlacht von Nikopolis[3]) 1396 empfunden; ebenſo unglücklich
im Kampfe mit den Türken war ſein Eidam, Kaiſer Albrecht II.
von Oeſterreich, geweſen. Der Kaiſer Max I. forderte die deutſchen
Stände vergebens zur Unterſtützung gegen die Osmanen oder Türken
auf. Die Gefahr für Deutſchland wuchs aber auf das Höchſte,
als Ludwig II., der Herr von Ungarn, in Folge der Türken-
ſchlacht bei Mohacz[4]) umgekommen war und ſein Schwager
Ferdinand, Karls V. Bruder, König von Ungarn und Böhmen
wurde. Umſonſt verlangte Kaiſer Karl V. den Beiſtand des Reiches
gegen das weitere Vorbringen der Türken; da erſchien plötzlich der
türkiſche Sultan Solyman II. 1529 vor Wien, konnte es aber
bei der heldenmüthigen Vertheidigung der Belagerten nicht einneh-
men, und ging nach Ungarn zurück. Im Jahre 1532 rückte er
von Neuem gegen Deutſchland vor; weil aber dieſesmal in Folge
des Nürnberger Religionsfriedens auch die Proteſtanten

---

[1]) Zwiſchen Aachen und Köln, ſüdlich von Jülich, in der heutigen preußiſchen Rheinprovinz.

[2]) Crespy oder Crepy liegt zwiſchen Paris und Soiſſons.

[3]) An der Donau, in Bulgarien.

[4]) An der Donau, etwas ſüdöſtlich von Fünfkirchen im ſüdweſtlichen Theile
von Ungarn.

zum Türkenkrieg beisteuerten, so mußte Solyman bei dem Heran=
nahen eines deutschen Heeres und bei dem Widerstand, den ihm
das Städtchen Günz[1]) leistete, den Rückzug antreten.

Karl's V. Zug gegen Tunis 1535. Der Seeräuber
Chaireddin Barbarossa, der im Bunde mit dem türkischen
Sultan Solyman II. stehend, sich des Gebietes von Tunis und
Algier bemächtigt hatte, verheerte mit seinen Raubschiffen die Küsten
des Mittelmeeres, und führte eine Menge Christen in die Sclaverei
ab. Karl V. beschloß den Rachezug gegen ihn, landete mit
Andreas Doria an der afrikanischen Küste, erstürmte Go=
letta[2]), besiegte den Chaireddin, befreite die gefangenen Christen
aus der Sclaverei und gab Tunis dem früheren Beherrscher
zurück. Hierauf unternahm Karl V. im Herbste 1541 einen Zug
nach Algier gegen die dortigen Seeräuber, welche Italien und
Spanien mit Raub= und Mordthaten heimsuchten. Zwar schlug
der Kaiser bei seiner Landung in Afrika alle Angriffe der verwe=
genen Räuber zurück, aber bei der anhaltenden, höchst ungünstigen
Witterung konnte er nicht in den Besitz von Algier gelangen, und
mußte nach großem Verluste die Heimkehr antreten.

Karls V. Abdankung und Tod. Der Kaiser hatte eine
dreifache Absicht gehabt: die Kirchenspaltung in Deutschland zu
heben, das deutsche Kaiserthum wieder zu Ansehen zu bringen, und
seinem Sohne Philipp die deutsche Krone zu verschaffen; aber
keinen dieser Plane sah er am Ende seines Lebens ausgeführt; deß=
wegen trat er, ohnehin schon kränklich, 1555 die Herrschaft der
Niederlande (Belgien und Holland), und im folgenden Jahre Spa=
nien, Mailand und Neapel seinem Sohne Philipp ab, dagegen
überließ er seinem Bruder Ferdinand die österreichischen Lande und
verzichtete im Jahre 1556 zu dessen Gunsten auf die deutsche
Kaiserkrone. Hierauf schiffte er sich nach Spanien ein und lebte
im Kloster St. Just in Estremadura in klösterlicher Abgeschiedenheit
bis zu seinem Tode 1558.

Gründung des Jesuiten=Ordens. Unter Karls Regierung
faßte der spanische Edelmann Ignatius von Loyola den Plan,

---

[1]) Südöstlich von Wien, in Ungarn.
[2]) Oestlich von Tunis in Nordafrika.

den Orden der Gesellschaft Jesu zu stiften, welche zu den drei Klostergelübben den unbedingten Gehorsam gegen den Papst noch als viertes hinzufügte. Papst Paul III. bestätigte 1540 den Orden, dessen erster Vorsteher oder General der heilige Ignatius selbst war. In Deutschland, besonders in Bayern und Oesterreich, fand die Gesellschaft Jesu bald Eingang. Sehr große Verdienste um ganz Deutschland erwarb sich vorzüglich der ehrwürdige Jesuite Peter Canisius. In alle Welttheile zerstreuten sich die Ordens-Mitglieder und traten als Prediger und Beichtväter, sowie als Erzieher der Jugend auf. Zwar wurde der Orden vom Papste Clemens XIV. 1773 aufgehoben, aber im Jahre 1801 von Pius VII. für Rußland in allen seinen Rechten bestätigt, und 1814 für alle katholische Länder wieder errichtet.

Ferdinand I.[1]), Herr der österreichischen Lande, und König von Ungarn und Böhmen, war ein durchaus milder und dem katholischen Glauben treu ergebener Regent. Seine Mühe, die Protestanten wieder zur katholischen Kirche zurückzuführen, war eine vergebliche, da die Lutheraner sich selbst in zwei Parteien spalteten, von denen die eine sich streng an Luthers Worte hielt, die andere aber von dem freisinnigeren Melanchthon sich leiten ließ. Unter Ferdinand zeigte sich wieder einmal die Gewalt des Faustrechts, indem auf Veranlassung des fränkischen Edelmanns Wilhelm von Grumbach[2]), welcher im Zwiste mit seinem Lehensherrn, dem Würzburger Bischof Melchior von Zobel lag, dieser überfallen und 1558 ermordet wurde. Ueber Wilhelm von Grumbach und seinen Beschützer, den Herzog Johann Friedrich von Gotha ward später durch Kaiser Max II. die Reichsacht ausgesprochen, und Grumbach auf entsetzliche Weise zu Tode gemartert, der Herzog aber blieb 28 Jahre lang bis zu seinem Tode Gefangener.

Ohne Widerrede der Reichsstände bestieg nach Ferdinands I. Tod sein Sohn

Maximilian II. den deutschen Thron. Er war äußerst nachgiebig gegen die Forderungen der Protestanten, und räumte ihnen

[1]) Von Ferdinand I. an ward kein deutscher Kaiser mehr vom Papste gekrönt.

[2]) Rimpar und Burggrumbach bei Würzburg, einst Sitze der Edlen von Grumbach.

in seinen eigenen Erblanden sehr viele Freiheiten ein. Der türkische Sultan Solyman II., dem er, wie sein Vater Ferdinand, wegen seines ungarischen Gebietes Tribut bezahlen mußte, zog 1566 mit einer furchtbaren Armee dem Kaiser entgegen, starb aber bei der Belagerung der ungarischen Festung Szigeth[1]), über deren Schutthaufen die Türken erst nach heldenmüthiger Aufopferung des Grafen Zrinyi ziehen konnten. Solymans Nachfolger Selim II. schloß hierauf mit dem Kaiser einen mehrjährigen Waffenstillstand. Unter Marens Regierung erkämpfte auch sein Vetter, der Held Juan von Oesterreich, Karls V. Sohn, an der Spitze der spanischen Flotte mit mehreren Verbündeten einen glänzenden Seesieg bei Lepanto[2]) über die Türken 1571.

Auf Maximilian II. folgte sein bereits zum König von Böhmen und Ungarn gekrönter Sohn

Rudolf II. Unter ihm wurden die Reichsverhältnisse immer verworrener. Denn 1) die protestantischen Fürsten hatten nach dem Jahre 1555, und besonders unter Rudolf II., gegen die Bestimmungen des Augsburger Religionsfriedens mehrere Bisthümer, worunter die Erzbisthümer Bremen und Magdeburg, aufgehoben und deren Einkünfte eingezogen (säkularisirt); 2) die österreichischen Protestanten gaben dem Kaiser vielfache Veranlassung zum Einschreiten gegen sie. 3) Zwar wurde auf dem Reichstage zu Augsburg 1582 dem Kaiser Hülfe gegen die Türken versprochen; allein als daselbst den Ständen der auf Geheiß des Papstes Gregor XIII. verbesserte (gregorianische) Kalender zur Annahme vorgelegt wurde, so verwarfen ihn die Protestanten, wodurch eine bis in's achtzehnte Jahrhundert dauernde Verwirrung in der Zeitrechnung herbeigeführt wurde. 4) Da der Kaiser später über die Reichsstadt Donauwörth[3]) wegen Beleidigung katholischer Einwohner daselbst die Acht aussprach, so schlossen calvinische und lutherische Reichsstände, vorzüglich auf Betreiben Heinrichs IV. von Frankreich,

---

[1]) Westlich von Fünfkirchen in Ungarn.

[2]) In Mittelgriechenland, am Meerbusen gleichen Namens, der einst der Meerbusen von Corinth hieß.

[3]) An der Donau, im Kreise Schwaben und Neuburg des heutigen Königreichs Bayern.

unter dem Vorwand, als ob es auf die Unterdrückung der neuen Lehren abgesehen wäre, die sogenannte protestantische Union 1608 zum gegenseitigen Beistand wider jeden Angriff des Kaisers. An der Spitze stand der Wittelsbacher Kurfürst Friedrich IV. von der Pfalz. Gegen diesen Verein protestantischer Stände errichteten der Wittelsbacher Herzog Maximilian I. von Bayern, dann die drei geistlichen Kurfürsten und andere Bischöfe 1609 die katholische Liga.

Ueber die von dem 1609 verstorbenen Herzog Johann Wilhelm von Jülich[1]) und Cleve hinterlassene Erbschaft wäre es zwischen dem Kaiser einerseits, und der Union und Heinrich IV. von Frankreich andrerseits, beinahe zum Krieg gekommen, wären nicht Heinrich IV. und der Pfälzer Kurfürst Friedrich IV. bald gestorben. Nach verschiedenen Ausgleichungsversuchen einigten sich der Pfalzgraf von Neuburg[2]) und der Kurfürst von Brandenburg, welche als Anverwandte des verstorbenen Herzogs Ansprüche auf das Erbe machten, dahin, daß jener Jülich, Berg und Ravenstein, dieser hingegen Cleve, Mark und Ravensberg erhielt. Ravenstein fiel jedoch 1666 gegen eine Geldsumme an Brandenburg.

Rudolf II., der bei den vielen Wirren sich mehr mit Astronomie und andere Wissenschaften abgab, dagegen sich weniger um die Regierungsgeschäfte bekümmerte, mußte seinem Bruder Matthias die Herrschaft über Ungern und Oesterreich abtreten und konnte sich in Böhmen nur dadurch noch eine Zeit lang halten, daß er den dortigen Protestanten in dem ihnen 1609 ausgestellten

---

[1]) Die Herzogthümer Jülich und Cleve lagen am Niederrhein; Cleve lag am weitesten Rhein abwärts; Jülich westlich vom Erzbisthum Köln; auf dem rechten Rheinufer lag das Herzogthum Berg; an dieses lehnte sich die Grafschaft Mark an, deren Nordgrenze die Lippe bildete; dann nördlich von der Grafschaft Mark lag, jedoch von ihr durch das münster'sche Gebiet getrennt, die Grafschaft Ravensberg. Die Herrschaft Ravenstein lag an der Maas in holländisch Brabant.

[2]) Ein Theil des Gebietes von Pfalz-Neuburg lag zu beiden Seiten der Donau mit der Stadt Neuburg, umgeben vom Herzogthum Bayern und dem Bisthum Eichstädt; der andere Theil lag nördlich von Regensburg in der Oberpfalz.

Majestätsbriefe viele Freiheiten einräumte. Aber bald wurde der Kaiser gezwungen, auch Böhmen seinem Bruder Matthias zu überlassen. Rudolf II. starb im sechzigsten Lebensjahre arm und verlassen. Ihm folgte, durch die Wahl der Kurfürsten, als deutscher Kaiser sein Bruder

Matthias. Dieser nahm, weil er kinderlos war, seinen Vetter Ferdinand, Herzog von Steiermark, an Sohnesstatt an, und ließ ihn zum König von Ungarn und Böhmen krönen; aber einem Theile der Böhmen war der neue Herrscher nicht genehm. Unter Matthias kam der **dreißigjährige Krieg** zum Ausbruch, und setzte sich fort unter seinem eben genannten Vetter, der nach des Matthias Tode als **Ferdinand II.** zum deutschen Kaiser gewählt wurde. Nach dem Tode Ferdinands II. dauerte der fürchterliche Krieg noch 11 Jahre und endete unter seinem Sohne, dem deutschen Kaiser Ferdinand III.

Der dreißigjährige Krieg 1618—1648 zerfällt in mehrere Abschnitte und zwar in:

1. den Krieg in Böhmen und in der Pfalz 1618—1623;

2. den Krieg mit den Dänen im nördlichen Deutschland 1625—1629;

3. den Krieg mit den Schweden 1630—1634;

4. den Krieg mit den Schweden und Franzosen 1635—1648.

Der Krieg in Böhmen und in der Pfalz. Nach der Bestimmung des von Rudolf II. erlassenen **Majestätsbriefes** hatten in Böhmen zunächst nur die Herren, Ritter und königlichen Städte, nicht aber deren Unterthanen, die Befugniß, protestantische Kirchen auf ihren Besitzungen zu errichten. Dessen ungeachtet erbauten die protestantischen Einwohner der dem Erzbischofe von Prag gehörigen Stadt **Klostergrab**[1]) und ebenso die Unterthanen des Abtes von **Braunau**[2]) gegen den Willen ihrer Herren protestantische Kirchen. Darauf wurde auf Befehl des Kaisers Matthias die Kirche zu Klostergrab niedergerissen, und jene von Braunau geschlossen. Als auf die von den Protestanten erhobenen

---

[1]) Südlich von Dresden im Leitmeritzer Kreis in Böhmen.
[2]) Im Riesengebirge, Königingrätzer Kreis in Böhmen.

Beschwerden ein harter Verweis des Kaisers erschien, so begaben
sie sich in großer Anzahl, voran der Graf Matthias von
Thurn, auf das Prager Schloß zu den kaiserlichen Statthaltern,
klagten insbesondere die beiden Räthe Martinitz und Slavata
als die muthmaßlichen Verfasser der harten kaiserlichen Antwort an
und warfen diese nebst dem Geheimschreiber Fabricius zu den
Fenstern hinaus. Alsbann rissen die böhmischen Stände die Regierung an sich, und übertrugen sie dreißig Direktoren. So war das
Zeichen zum Aufstande gegeben, und der dreißigjährige Krieg hatte
seinen Anfang genommen.

Nach dem alsbald erfolgten Ableben des Matthias bestieg der
entschlossene Ferdinand II. den deutschen Thron, ohne daß ihm die
österreichischen Stände gehuldigt, oder die Böhmen ihn als ihren
König anerkannt hätten. Die letzteren trugen vielmehr dem Kurfürsten Friedrich V. von der Pfalz die Herrschaft über ihr Land
an, und dieser ließ sich auch 1619 in Prag zum König krönen.
Für Friedrich erklärte sich die Union, für den Kaiser Ferdinand
die katholische Liga und der Kurfürst von Sachsen. Während nun mit Bewilligung Ferdinands der sächsische Kurfürst die
Lausitz besetzte, unterwarf der Feldherr der Liga, der ritterliche
Herzog Maximilian I. von Bayern, Oberösterreich dem Kaiser,
und schlug die Böhmen 1620 auf dem weißen Berge bei Prag.
Ferdinand verhängte hierauf über seinen gewesenen Gegenkönig
Friedrich, der die Flucht ergriffen hatte, die Reichsacht und verfuhr
gegen die aufrührerischen Böhmen mit der größten Strenge. Jetzt
löste sich auch die Union auf. Maximilians Feldherr, Tilly,
rückte nun gegen des Pfälzers Verbündete, Mansfeld[1]), Christian von Braunschweig und Georg von Baden-Dur-
lach[2]) an den Neckar vor, schlug den letzteren bei Wimpfen[3])
am Neckar und nahm hierauf Heidelberg und die andern Pfälzer
Städte ein. Später besiegte Tilly auch den Christian von Braun-

---

[1]) In der heutigen preußischen Provinz Sachsen, nordwestlich von Leipzig.

[2]) Zwischen Heidelberg und der Stadt Baden, östlich von der heutigen
Stadt Karlsruhe.

[3]) Jetzt zum Großherzogthum Hessen gehörig.

schweig bei Stabtloo[1]). So hatte Friedrich sein Land verloren und Herzog Max erhielt auf dem Reichstage zu Regensburg 1623 die Kurwürde auf Lebenszeit und 1628 auch die Oberpfalz, während die Lausitz Kursachsen zufiel.

Der Krieg mit den Dänen im nördlichen Deutschland. Die protestantischen Stände in Niedersachsen erhoben sich hierauf für den vertriebenen Friedrich gegen den Kaiser und ernannten Friedrichs Schwager, den König Christian IV., zu ihrem Anführer, dem sich dann Mansfeld anschloß. Der Krieg entbrannte von Neuem. Des Kaisers Feldherr, der zum Herzog von Friedland[2]) erhobene Albrecht von Wallenstein, zog mit einem angeworbenen Heere nach Niedersachsen und schlug den Grafen Mansfeld bei Dessau[3]) an der Elbe-Brücke 1626. Mansfeld flüchtete sich nach Ungarn und starb im nämlichen Jahre. Unterdessen gewann auch Tilly einen bedeutenden Sieg über den Dänenkönig Christian IV. bei Lutter am Barenberge[4]) 1626. Tilly und Wallenstein drangen hierauf nach Holstein, und Wallenstein selbst bis nach Jütland vor. Dem letztern gelang es jedoch später nicht, die befestigte Stadt Stralsund[5]) in Pommern einzunehmen.

Wallenstein ward für seine dem Kaiser geleisteten Dienste mit dem Herzogthume Mecklenburg belehnt, dessen Herzoge es mit dem Dänenkönige gehalten hatten. Da bereits Schweden und andere Mächte für Dänemark Partei ergriffen, so schloß Wallenstein mit Christian IV. den Frieden zu Lübeck 1629, dem zufolge Christian seine Länder gegen das Versprechen zurück erhielt, keinen Krieg mehr wider den Kaiser zu führen.

Der Kaiser Ferdinand forderte hierauf 1629 durch das sogenannte Restitutionsedikt oder den Zurückerstattungsbefehl die Protestanten auf, alle seit dem Passauer Vertrage 1552 von ihnen

---

[1]) Westlich von der Stadt Münster, in Westphalen.
[2]) Im Norden des Bunzlauer Kreises in Böhmen, etwas südöstlich von Dresden.
[3]) Westlich von Wittenberg.
[4]) Nordwestlich von Goslar im Hannöverischen.
[5]) Im nordwestlichen Pommern, der Insel Rügen gegenüber.

eingezogenen katholischen Kirchengüter den Katholiken zurück zu geben. Ein Jahr darauf 1630 mußte auch Ferdinand auf dem Reichstage zu Regensburg, durch die Klagen der Fürsten über die Gewaltthätigkeiten Wallensteins bestürmt, diesen abdanken, worauf Wallenstein nach Entlassung seines Heeres sich auf seine böhmischen Güter zurückzog.

Der Krieg mit den Schweden. Plötzlich erschien wider Aller Erwarten im Juni 1630 in Norddeutschland Gustav Adolf, König von Schweden, mit einem Heere, dem alsbald ganze Schaaren entlassener Wallensteinischer Söldner zuliefen, und bot, sich einen Beschützer des „evangelischen Glaubens" nennend, den protestantischen Reichsständen ein Bündniß an; diese aber schlugen ein solches aus und schlossen unter sich zu Leipzig einen Bund zu ihrer Sicherstellung sowohl gegen Gustav Adolf, als auch gegen den Kaiser. Nur der Landgraf von Hessen und die Herzoge von Sachsen-Weimar, Lüneburg und Lauenburg, sowie die Reichsstadt Magdeburg an der Elbe, erklärten sich offen für den Schweden-könig. Gustav bekam sogleich Mecklenburg und Pommern in seine Gewalt und versicherte sich des Beistandes von Frankreich, dem es ohnehin um eine Schwächung des Hauses Habsburg zu thun war. Da zog der zum Anführer der kaiserlichen Truppen ernannte Tilly gegen Gustav Adolf heran, und erstürmte mit dem General Pappenheim 1631 das dem Schweden zugethane Magdeburg. Inzwischen legte ein ausgebrochener Brand, an dem jedoch Tilly keine Schuld trägt, fast die ganze Stadt in Asche und viele Tausende kamen dabei um. Als Tilly hierauf in Kursachsen einrückte, dessen Kurfürst sich bisher weder für, noch gegen Gustav Adolf ausgesprochen hatte, wandte sich plötzlich der sächsische Kurfürst dem Schwedenkönige zu, und vereinigte einen Theil seiner Truppen mit dem Schwedenheere. Tilly wurde nach tapferer Gegenwehr von Gustav Adolf bei Breitenfeld unweit Leipzig 1631 geschlagen, und ging an den Main zurück. Während nun der Kurfürst von Sachsen in Böhmen einfiel, zog Gustav selbst durch Thüringen an den Main, unterwarf die Bisthümer Bamberg und Würzburg, drang über den Rhein in die Pfalz, ohne den vertriebenen Pfälzer Kurfürsten Friedrich in sein Land einzusetzen. Hierauf eilte er an die Donau, um Bayern einzunehmen. Tilly machte ihm bei

Rain[1] ben Uebergang über den Lech ſtrittg, wurde aber ſelbſt
tödtlich verwundet. Nach einer vergeblichen Belagerung der Feſtung
Ingolſtadt an der Donau hielt der Schwede ſeinen Einzug in
München und brandſchatzte es. Nahezu ganz Bayern war jetzt
in ſeiner Gewalt.

In dieſer Noth übertrug 1632 Kaiſer Ferdinand dem in
Mähren weilenden Wallenſtein den unumſchränkten Oberbefehl über
das kaiſerliche Heer. Der „Friedländer“ trieb ſofort die Sachſen
aus Böhmen, eroberte Leipzig, und wandte ſich hierauf ſüdwärts
nach Nürnberg, wo Guſtav Adolf ſich mit ſeinem Heere verſchanzt
hatte. Wallenſtein nahm hier eine noch feſtere Stellung ein, und
erwartete Wochen lang ruhig den Angriff der Schweden. Guſtav
Adolf ſtürmte auch das Wallenſteiniſche Lager, mußte aber mit
großem Verluſte vom weiteren Angriffe abſtehen. Er zog hierauf
ſüdlich nach Bayern, während Wallenſtein den Weg nach Sachſen
einſchlug. In Folge deſſen wandte ſich der Schwede auch nach
Sachſen um, ohne daß Wallenſtein dieſes ahnte. Bei Lützen[2]
1632 trafen ſich die beiden Gegner in offenem Kampfe. Die
Schlacht war furchtbar; Guſtav Adolf ward tödtlich verwundet
und die Schweden gaben ſchon die Schlacht für verloren. Da ließ
der in ſchwediſchen Dienſten ſtehende Herzog Bernhard von
Weimar die Schweden noch einmal angreifen; dieſelben gewannen
auch allmählig die Oberhand, bis ſie der aus Niederſachſen herbei=
geeilte Pappenheim wieder zurück warf, ſelbſt aber durch eine feind=
liche Kugel das Leben verlor. Die Nacht machte dem Kampf ein
Ende. Wallenſtein verließ aus Beſorgniß vor dem herannahenden
ſächſiſchen Heere das Schlachtfeld und führte ſeine Truppen nach
Böhmen zurück.

Der ſchwediſche Reichskanzler Axel Oxenſtierna nahm ſo=
fort die Stelle Guſtav Adolfs ein und ſchloß mit mehreren prote=
ſtantiſchen Reichsſtänden, Sachſen und Brandenburg ausgenommen,
1633 den Heilbronner Bund, um den Krieg fortzuſetzen.
Der unterdeſſen von den Schweden zum Herzog von Franken
erhobene Bernhard von Weimar eroberte Regensburg, während der

---

[1] Nördlich von Augsburg.

[2] Südweſtlich von Leipzig, jetzt zur preußiſchen Provinz Sachſen gehörig.

schwedische General Horn mit seinen Truppen in Schwaben stand. Der kaiserliche Oberfeldherr Wallenstein hingegen verfiel bald in den Verdacht, verrätherische Unterhandlungen mit den Feinden des Kaisers angeknüpft zu haben, und verlor den Oberbefehl, der vorläufig dem General Gallas übertragen wurde. Wallenstein selbst wurde in Eger[1]) auf Veranlassung der Obersten Buttler und Gordon, nachdem schon vorher mehrere ihm ergebene Hauptleute erstochen worden waren, in seinem Schlafgemache 1634 ermordet. Hierauf wurde vom Kaiser sein Sohn, der römische König und spätere Kaiser Ferdinand, zum Oberfeldherrn der ganzen kaiserlichen Armee ernannt, und ihm Gallas zur Seite gestellt. Ferdinand belagerte nach der Eroberung Regensburgs Nördlingen[2]) in Schwaben. Herzog Bernhard von Weimar zog hier dem kaiserlichen Heere entgegen und wurde von Ferdinand und Gallas, die besonders von dem bayerischen Reitergeneral Johann von Werth unterstützt wurden, 1634 vollständig geschlagen, und der schwedische General Horn selbst gefangen; Schwaben und Franken wurden von den Kaiserlichen besetzt. Bernhard von Weimar zog sich über den Rhein zurück und trat in französische Dienste.

Jetzt versöhnte sich der Kurfürst Johann Georg von Sachsen mit dem Kaiser Ferdinand II. durch Abschluß des Prager Friedens 1635, worin die Ober= und Unterlausitz erblich an Sachsen fiel, und der Kurfürst noch vierzig Jahre lang (gegen die Bestimmung des Restitutionsedikts) im ruhigen Besitze der bis 1627 eingezogenen Kirchengüter verbleiben sollte. Allmählig schlossen sich auch die übrigen protestantischen Reichsstände mit Ausnahme Württembergs, Badens und Hessen=Kassels dem Prager Frieden an. Die Macht der Schweden in Deutschland war gebrochen; doch setzten sie den Krieg mit Hülfe Frankreichs fort, und so entstand

Der Krieg mit den Schweden und Franzosen. Die Franzosen unterstützten bereitwillig die Schweden und den Bernhard von Weimar mit Geld, da sie dabei die Aussicht auf Erlangung

---

[1]) Westlich von Prag, in Böhmen.

[2]) Ehemalige Reichsstadt, nordwestlich von Donauwörth, jetzt zum bayerischen Kreise Schwaben und Neuburg gehörig.

des Elſaß hatten. Während Bernhard mit Truppen über den Rhein ging, ſchlug der ſchwediſche General Baner 1636 bei Wittſtock[1]) in Brandenburg die Sachſen und verwüſtete ihr Land. Kurz darauf 1637 war Kaiſer Ferdinand II. geſtorben, und ihm folgte ſein Sohn

Ferdinand III. Bernhard von Weimar ſiegte über die Kai-ſerlichen bei Rheinfelden[2]) um Rhein, eroberte das feſte Breiſach[3]) und wollte ſich am Oberrhein eine Herrſchaft gründen, als er plötzlich 1639 ſtarb und Frankreich das von ihm eroberte Gebiet ſogleich ſich zueignete. Den bis an die Oſtſee vorgedrun-genen kaiſerlichen General Gallas trieb der Schwede Baner bis nach Böhmen zurück. Ferdinand III. übertrug jetzt den Oberbefehl ſeinem Bruder Leopold und dem General Piccolomini; dieſe vermochten aber gleichfalls Nichts gegen die Schweden. Ja Picco-lomini wurde durch den ſchwediſchen Feldherrn Torſtenſon (Baner war bereits todt) bei Leipzig 1642 vollſtändig geſchlagen. Ebenſo ſiegte Torſtenſon über die Kaiſerlichen bei Jankau[4]) 1645 in Böhmen, mußte aber wegen ſeiner Krankheit den Ober-befehl dem General Wrangel abtreten. Die Franzoſen unter Turenne waren von den Kaiſerlichen zwar bei Tuttlingen[5]) an der Donau 1643 und Mergentheim an der Tauber 1645 geſchlagen worden, ſiegten aber im nämlichen Jahre bei Allers-heim[6]) im Ries. Jetzt vereinigten ſich Wrangel und Turenne und fielen verwüſtend in Bayern ein, bis ſie endlich nach Schwaben zurückgehen mußten. Im Jahre 1648 eroberte noch der ſchwediſche General Königsmark die Kleinſeite von Prag, da ſetzte der weſtphäliſche Friede dem Kriege ein Ziel.

Der weſtphäliſche Friede. In den weſtphäliſchen Städten Münſter und Osnabrück ward am 24. Oktober 1648 von den

---

1) Nordweſtlich von Berlin.
2) Im heutigen Canton Aargau in der Schweiz.
3) Am Rheine, weſtlich von Freiburg im Breisgau.
4) Südöſtlich von Prag, im Kauerzimer Kreis.
5) Im würtembergiſchen Schwarzwaldkreis.
6) Nordöſtlich von Nördlingen.

dabei betheiligten Fürsten der Friede mit folgenden kirchlichen und politischen Bestimmungen abgeschlossen:

1) Sowohl Katholiken und Lutheraner, als auch die Calviner oder Reformirten sollen gleiche Rechte im Reiche haben, auch dürfen die von den protestantischen Fürsten bis zum 1. Januar 1624 (Normaljahr) eingezogenen Kirchengüter ihnen verbleiben, aber kein Fürst soll seine Unterthanen zur Veränderung des Glaubens zwingen.

2) Den Reichsfürsten ward die Landeshoheit, die sie schon in der That besessen, gesetzlich bestätigt, und ihnen freigestellt, unter sich und mit auswärtigen Mächten für ihre eigene Erhaltung und Sicherheit Bündnisse zu schließen, jedoch ohne Nachtheil für Kaiser und Reich.

3) Durch den Frieden wurden entschädigt:

a) Frankreich; dieses erhielt fast ganz Elsaß, mit Ausnahme der Reichsstädte, nebst der Festung Breisach und die Souverainetät über die von ihm bereits 1552 eingezogenen Bisthümer Metz, Toul und Verdun.

b) Schweden bekam fünf Millionen Thaler Kriegskosten, dann Vorpommern[1]), die Insel Rügen, einen Theil Hinterpommerns und mehrere geistliche Stifte als Reichslehen, und hatte als deutscher Reichsstand Sitz und Stimme im deutschen Reich.

c) Brandenburg, dem seit 1618 durch Erbschaft bereits das Herzogthum Preußen zugefallen war, bekam die Bisthümer Halberstadt, Minden[2]), Camin[3]) und Magdeburg nebst dem übrigen Theile Hinterpommerns.

d) Hessen-Kassel die Abtei Hersfeld[4]) und 600,000 Thaler.

e) Der Sohn des verstorbenen Kurfürsten Friedrich V. von der Pfalz, Karl Ludwig, erhielt die Unter= oder

---

[1]) Vorpommern hieß der westliche Theil, Hinterpommern der östliche Theil Pommerns.

[2]) An der Weser.

[3]) An der Dievenow, nördlich von Stettin in Pommern (Hinterpommern).

[4]) Zwischen Fulda und Kassel.

7*

Rheinpfalz, während die Oberpfalz und die Kurwürde bei Bayern verblieb. Doch wurde für ihn und seine Nachkommen bis zu deren Aussterben eine neue, die achte Kurwürde errichtet.

Die Schweiz, sowie die nördliche Niederlande (Holland)[1] wurden als unabhängige Staaten erklärt.

Schweden und Frankreich traten als Bürgen dieses Friedens auf.

Sechster Abschnitt.

Von dem westphälischen Frieden bis zur Auflösung des deutschen Reiches 1648—1806.

Außer dem bereits erwähnten Kaiser Ferdinand III. regierten nach dem westphälischen Frieden noch folgende Kaiser aus dem österreichischen und bayerischen Hause über Deutschland:

1. Leopold I. 1658—1705.
2. Joseph I. 1705—1711.
3. Karl VI. 1711—1740.
4. Karl VII. von Bayern 1742—1745.
5. Franz I. 1745—1765.
6. Joseph II. 1765—1790.
7. Leopold II. 1790—1792.
8. Franz II. 1792—1806.

Leopold I. Nach dem Tode des Kaisers Ferdinand III. hatte sich der ehrgeizige König Ludwig XIV.[2] von Frankreich alle Mühe gegeben, die deutsche Kaiserkrone durch Bestechung der Kurfürsten an sich zu bringen. Allein die Kurfürsten wählten 1658, besonders durch den Brandenburger Kurfürsten Friedrich Wilhelm hiezu bestimmt, den Sohn Ferdinands, Leopold, der sich durch Gottesfurcht und Milde auszeichnete, zum Kaiser.

---

[1] Diese hatte sich bereits 1581 von Spanien förmlich losgesagt.
[2] Er regierte von 1643—1715.

Leopold hatte während seiner siebenundvierzigjährigen Regierung mehrere schwere Kriege zu führen, und zwar:

1) zwei Kriege gegen die Türken,

2) zwei Kriege gegen Frankreich,

3) den spanischen Erbfolgekrieg, der jedoch erst unter seinem Nachfolger beendet wurde.

Der erste Krieg mit den Türken 1661—1664. Nachdem der bisherige Fürst von Siebenbürgen (Transsylvanien), Georg II., in der Schlacht bei Clausenburg[1]) 1660 durch die Osmanen den Tod gefunden hatte, so erhob der Sultan Muhamed IV. den Michael Apafi zum Regenten Transsylvaniens; hingegen die Landeseinwohner riefen den auch vom Kaiser Leopold I. begünstigten Johann Kemeny zum Fürsten Siebenbürgens aus. Da rückte der türkische Feldherr Achmed Kiuprili gegen die kaiserlichen Truppen vor, besiegte sie bei Gran[2]), nahm das feste Neuhäusel[3]), an der Neitra, erlitt aber durch den österreichischen Befehlshaber Montecuculi bei St. Gotthard[4]) an der Raab 1664 eine große Niederlage, worauf der Sultan mit Leopold einen zwanzigjährigen Waffenstillstand schloß.

Den zweiten Krieg mit den Türken 1683—1699 führten herbei: 1) Eine Verschwörung ungarischer Magnaten gegen den Kaiser Leopold; 2) der Ausbruch eines durch den ungarischen Grafen Tekely verursachten Aufstandes in Ungarn; 3) die von Muhamed IV. geschehene Ernennung Tekelys zum Könige von Ungarn, und 4) Frankreichs wirksamer Einfluß bei der türkischen Pforte.

Der Großvezier Kara Mustapha erschien plötzlich im Juli 1683 mit einem gewaltigen Heere vor Wien und belagerte es. Der Kaiser flüchtete sich nach Linz an der Donau. Trotz der tapfern Vertheidigung des Grafen Rüdiger von Stárhemberg und der Bürger Wiens wäre es um die Kaiserstadt, sowie um die Selbstständigkeit Deutschlands, geschehen gewesen, würde nicht das

---

[1]) Im nordwestlichen Siebenbürgen.

[2]) An der Donau, nordwestlich von Ofen und Pest in Ungarn.

[3]) Nördlich von Comorn in Ungarn.

[4]) Südlich von Wien, in Ungarn.

zum Entsatze Wiens herbeigeeilte deutsch-polnische Heer unter Karl von Lothringen, dem Polenkönige Johann Sobiesky und den Kurfürsten von Bayern und Sachsen die Türken in die Flucht geschlagen haben. Hierauf eroberte Karl von Lothringen (der Ahnherr des jetzt regierenden österreichischen Kaiserhauses) Gran, Neuhäusel; der bayerische Kurfürst Max Emanuel nahm Ofen, und beide besiegten die Türken in der Schlacht bei Mohacz[1]) an der Donau 1687. Auf dem Reichstage zu Preßburg[2]) 1687 ward dann das durch deutsche Hülfe befreite Ungarn aus einem Wahlreich in ein Erbreich des österreichischen Mannsstamms verwandelt. Auch Siebenbürgen fiel nicht lange darauf als besonderes Fürstenthum an Oesterreich.

Der Kampf gegen die Türken wurde siegreich fortgesetzt: Kurfürst Max Emanuel eroberte 1688 Belgrad[3]), der Markgraf Ludwig von Baden schlug 1691 die Türken bei Salankemen[4]) und der (aus dem Dienste Frankreichs zum deutschen Kaiser übergetretene) Prinz Eugen von Savoyen vertrieb die Türken durch die Schlacht bei Zentha an der Theiß 1697 aus Ungarn. Im Jahre 1699 gelangte Oesterreich durch den Frieden von Carlowitz[5]) in den Besitz von ganz Ungarn und Slavonien mit Ausnahme des Temeswarer Banats (zwischen der Theiß und Maros).

Der erste Krieg mit Frankreich 1674—1678. Der französische König Ludwig XIV., der mit einer spanischen Prinzessin vermählt war, eroberte nach dem Tode seines Schwiegervaters, des spanischen Königs Philipp IV., die unter spanischer Herrschaft stehende und dem deutschen Reiche gehörige Freigrafschaft Burgund und mehrere feste Plätze in der spanischen Niederlande, mußte aber, durch die mit den Engländern und Schweden verbündeten Holländer genöthigt, im Aachener Frieden 1668 die Franche-Comté wieder herausgeben. Darüber erzürnt, beschloß er den Krieg gegen die Republik Holland. Bald traten auf die Seite

---

[1]) Südlich von Ofen in Ungarn.
[2]) An der Donau, östlich von Wien.
[3]) Am Einfluß der Save in die Donau.
[4]) An der Donau, nordwestlich von Belgrad.
[5]) An der Donau, nordwestlich von Belgrad.

Hollands der Kurfürst Friedrich Wilhelm von Brandenburg, der Kaiser Leopold I. und das deutsche Reich. Nachdem der französische Feldherr Turenne die Kaiserlichen bei Sinsheim[1]), Mühlhausen[2]) und Türkheim[3]) besiegt und Lothringen und die Pfalz auf die furchtbarste Weise verheert hatte, ward er bei Sasbach[4]), wo er den Kaiserlichen unter Montecuculi gegenüber stand, tödtlich verwundet und die Franzosen wurden über den Rhein getrieben; sie kamen aber bald wieder, eroberten Freiburg im Breisgau und verheerten das Land diesseits und jenseits des Rheins. Unterdessen hatte Ludwig XIV. die Schweden wider seinen Gegner, den Kurfürsten von Brandenburg, aufgehetzt; dieser aber schlug sie bei Fehrbellin[5]) 1675 und bei Wolgast[6]), eroberte einen Theil der schwedischen Besitzungen in Norddeutschland, mußte aber später das Eroberte den Schweden wieder überlassen.

Endlich im Nymweger[7]) Frieden 1679 erhielt Frankreich die Franche-Comté und 16 niederländische Städte, sowie Freiburg im Breisgau. Doch damit nicht zufrieden, setzte Ludwig XIV. zu Metz, Breisach, Besançon und Tournay[8]) die sogenannten Reunionskammern oder Gerichtshöfe ein, welche entscheiden sollten, was seit dem westphälischen und Nymweger Frieden zu den von Ludwig eroberten Gebieten gehört habe. Alsbald wurden in der Pfalz, im Elsaß und in Flandern gewaltsam Städte und Dörfer, und 1681 selbst die Reichsstadt Straßburg, sowie 1684 die Festung Luxemburg mit Frankreich vereinigt. Kaiser Leopold schloß wegen der drohenden Gefahr eines Türkeneinfalles hierauf zu Regensburg, wo seit 1667 ein immerwährender

---

[1]) An der Elsenz, südöstlich von Heidelberg, in Baden.

[2]) An der Ill, im südöstlichen Elsaß.

[3]) An der Fecht, westlich von Colmar, im Elsaß.

[4]) Am Rhein, im Badischen, nordwestlich von Freiburg im Breisgau.

[5]) Nordwestlich von Berlin, in der preußischen Provinz Brandenburg.

[6]) An der Mündung der Peene, in Vorpommern, südöstlich von Greifswalde.

[7]) Nymwegen an der Waal in Holland.

[8]) An der Schelde, südwestlich von Brüssel, im heutigen Königreich Belgien.

Reichstag bis zur Auflösung des deutschen Reiches stattfand, einen zwanzigjährigen Waffenstillstand mit Ludwig XIV. ab.

Der zweite Krieg mit Frankreich 1688—1697. Bei dem Aussterben der Pfälzisch-Wittelsbacher Linie Simmern[1]) machte Ludwig XIV. für seinen mit einer pfälzischen Prinzessin vermählten Bruder Philipp von Orleans Ansprüche auf die Kurpfalz. Da schlossen der Kaiser und die deutschen Fürsten, sowie mehrere nicht deutsche Mächte zu Augsburg 1686 eine Allianz gegen Frankreich. Ludwigs Truppen unter Boufflers und Melac drangen in die Pfalz ein, und hinter ihnen loderten die bedeutendsten Städte und viele Dörfer in Flammen auf, selbst der Kaiserdom zu Speyer ward nicht verschont; die unglücklichen Einwohner wurden auf die schändlichste Weise mißhandelt. Wiewohl das Siegesglück sich fast immer auf der Seite Ludwigs zeigte, so war doch Frankreich durch die vielen Kriege erschöpft, und Ludwig verstand sich 1697 zum Frieden von Ryswick[2]), in welchem er Breisach, Freiburg, Kehl[3]) und andere eingezogene Ortschaften zurückgab, aber Straßburg behielt. Die Pfalz kam an die Wittelsbacher Linie Pfalz-Neuburg.

Während dieses zweiten Krieges mit Frankreich übertrug der Kaiser Leopold dem Hause Braunschweig-Wolfenbüttel oder Hannover die neunte Kurwürde. Dann wurde der sächsische Kurfürst Friedrich August nach dem Tode Sobiesky's von den Polen zu ihrem Könige gewählt, und im Jahre 1701 krönte sich der Kurfürst Friedrich III. von Brandenburg mit Bewilligung des Kaisers Leopold zu Königsberg als Friedrich I. zum König von Preußen[4]).

---

[1]) Die der Linie Simmern einst gehörende Stadt Simmern liegt westlich von Bingen (am Rhein), in der heutigen preußischen Rheinprovinz.

[2]) Etwas südöstlich von Haag in Westholland.

[3]) Am Rhein, Straßburg gegenüber.

[4]) Friedrich I. König von Preußen regierte von 1701—1713. Seine Nachfolger im Königreich Preußen sind bis auf die Gegenwart:

Friedrich Wilhelm I. 1713—1740.
Friedrich II. 1740—1786.
Friedrich Wilhelm II. 1786—1797.

Der spanische Erbfolgekrieg 1701—1714. Die Veranlassung
zu diesem Kriege war folgende: Der spanische König Karl II.,
mit welchem der spanisch-habsburgische Mannsstamm
erlosch, hatte zum Erben der spanischen Monarchie anfänglich des
bayerischen Kurfürsten Max II. Emanuel Sohn, Joseph, bei
dessen frühzeitig erfolgtem Tode aber den Enkel Ludwigs XIV.
von Frankreich, den Bourbonen Philipp von Anjou, zu seinem
Nachfolger (nicht ohne Zuthun des französischen Königs) erklärt.
Dagegen erhob sich Kaiser Leopold als nächstberechtigter Habsburger und machte für seinen Sohn Karl, den nachmaligen deut-
schen Kaiser, Ansprüche auf die Erbschaft. Mit Leopold hielten es
England, Holland, Savoyen und Portugal, und die vorzüglichsten
Feldherren auf der Seite Oesterreichs waren: Prinz Eugen von
Savoyen, Herzog Marlborough (sprich: Malbrö) aus Eng-
land, Prinz Ludwig von Baden. Mit Frankreich waren der
Kurfürst Max II. Emanuel von Bayern und sein Bruder, der
Kurfürst von Köln, verbündet. An der Spitze der französischen
Heere standen die Generale Villeroi, Vendome, Villars,
Catinat.

Der Schauplatz des Kampfes war Spanien, Oberitalien,
Deutschland und die Niederlande.

Die vom Prinzen Eugen von Savoyen mehrmals in Oberitalien besiegten Franzosen wurden mit den ihnen verbündeten
Bayern von Marlborough und Ludwig von Baden am Schellen-
berge bei Donauwörth, dann von Eugen von Savoyen und
Marlborough bei Höchstädt[1]) und Blenheim[2]) 1704 vollständig
geschlagen. Bayern ward von den Kaiserlichen besetzt und hart
bedrängt; der unglückliche Kurfürst mußte fliehen.

Nach dem hierauf erfolgten Ableben Leopolds I. schlug sein
Sohn, Kaiser Joseph I. einen durch den jugendlichen Plinganser

---

Friedrich Wilhelm III. 1797—1840.
Friedrich Wilhelm IV. 1840—1861.
Wilhelm I. von 1861 an.

[1]) Höchstädt und Blenheim oder Blindheim liegen beide an der Donau südwestlich von Donauwörth im heutigen bayerischen Kreise Schwaben u. Neuburg.
[2]) Im Südosten von Südbrabant (Belgien).

geleiteten Aufstand der hartbedrückten Bayern mit Waffengewalt nieder und sprach über die Kurfürsten von Bayern und Köln die Reichsacht aus. Im Jahre 1706 schlug Marlborough die Franzosen bei Ramillies[1]) in der Niederlande, Prinz Eugen besiegte sie bei Turin und vertrieb sie aus Oberitalien mit Hülfe des preußischen Generals Leopold von Dessau; dann brachte ihnen Eugen in Verbindung mit Marlborough 1708 bei Oudenarde[2]) an der Schelde und 1709 bei Malplaquet[3]) Niederlagen bei.

Allein plötzlich trat durch den Tod des Kaisers Joseph I. und durch die Abberufung des britischen Feldherrn Marlborough eine Wendung zu Gunsten Frankreichs ein. Der Nachfolger Josephs I. ward im deutschen Reiche sein Bruder, der Bewerber um den spanischen Thron,

Karl VI. Die Mächte wollten nun nicht dulden, daß Spanien mit seinen Colonien und Deutschland, wie zur Zeit Karls V., unter ein Scepter vereinigt würden. Auch waren die von den Spaniern unterstützten französischen Waffen in zwei Schlachten in Spanien gegen die Alliirten des deutschen Kaisers siegreich und der größte Theil der Spanier hatte sich für den oben erwähnten Bourbonen Philipp von Anjou erklärt. England schloß mit Frankreich den Frieden zu Utrecht[4]) 1713 und erkannte Philipp von Anjou als spanischen König an. Diesem Frieden traten dann auch die übrigen Mächte bei, und 1714 nahm Kaiser Karl VI. zu Rastabt[5]) und das deutsche Reich zu Baden[6]) im Aargau die Bedingungen des Utrechter Friedens an.

Demnach erhielten:

1) Karl VI. die spanischen Niederlande, Neapel, Mailand und Sardinien.

2) England Gibraltar nebst der Insel Minorca[7]).

---

[2]) Westlich von Brüssel in Ostflandern (Belgien).

[3]) Östlich von Valenciennes im Hennegau (Nordfrankreich).

[4]) Am Rhein, in der holländischen Provinz Utrecht.

[5]) An der Murg, südwestlich von Karlsruhe oder Durlach im heutigen Großherzogthum Baden.

[6]) An der Limmat, nordwestlich von Zürich.

[7]) Im mittelländischen Meere, eine von den balearischen Inseln, östlich von Spanien.

3) Die Kurfürsten von Bayern und von Köln gelangten wieder in den Besitz ihrer Länder.

4) Der Herzog von Savoyen bekam den Königstitel und Anfangs noch zu seinem Lande Sicilien, später dafür Sardinien.

5) Das Haus der Bourbonen bestieg mit Philipp V. den spanischen Thron.

6) Frankreich behielt Elsaß nebst der Festung Landau[1]).

Karl VI. hatte zwei Kriege gegen die Türken zu führen und zwar:
  den ersten 1716—1718,
  den zweiten 1737—1739.

Der erste Krieg mit den Türken. Sechzehn Jahre nach dem Carlowitzer Frieden nahmen die Türken das den Venetianern gehörige Morea (Peloponnes) weg, und fielen hierauf in Ungarn ein.

Aber der kaiserliche Feldherr, Prinz Eugen von Savoyen, schlug sie bei Peterwardein[2]) 1716, eroberte Temeswar[3]) und Belgrad 1717, vor dessen Mauern er dem Feinde eine vollständige Niederlage beigebracht hatte. Diese Siege führten den Frieden von Passarowitz[4]) 1718 herbei, in welchem Oesterreich das Temeswarer Banat, ganz Serbien mit Belgrad, die Walachei bis zum Alutaflusse, Slavonien und Bosnien bis zur Save erhielt. Morea blieb in den Händen der Türken.

Der zweite Türkenkrieg. Durch ein mit Rußland früher abgeschlossenes Bündniß war Karl VI. veranlaßt worden, im Kriege Rußlands gegen die türkische Pforte gleichfalls den Kampf gegen die Osmanen zu beginnen. Allein durch die Unerfahrenheit der österreichischen Generale, — Prinz Eugen von Savoyen war bereits gestorben — gingen alle durch den Passarowitzer Frieden errungenen Vortheile für Oesterreich wieder verloren und es blieb ihm durch den im Jahre 1739 unter französischer Vermittlung abgeschlossenen Frieden zu Belgrad nur noch

---

[1]) Südwestlich von Speyer, in der bayerischen Rheinpfalz.
[2]) An der Donau, in Südungarn, nordwestlich von Belgrad.
[3]) Im Banat (Ungarn), nordöstlich von Belgrad.
[4]) An der Morawa in Serbien, östlich von Belgrad.

das Temeswarer Banat; dagegen verlor es Serbien mit Belgrad und seinen bisherigen Antheil an der Walachei.

Die Schweden in Deutschland 1706 und der polnische Thronfolgekrieg 1733—1734. August, Kurfürst von Sachsen und König von Polen, wollte dem Schwedenkönige Karl XII. Livland entreißen. Allein die glücklichen Siege Karls XII. über das dänisch=russische und sächsisch=polnische Heer bewogen diesen, durch das österreichische Schlesien bis nach Sachsen vorzubringen, und den unglücklichen Polenkönig zum Altranstädter[1]) Frieden 1706 zu nöthigen. In diesem Vertrage verzichtete der sächsische Kurfürst für sich und seine Nachkommen auf den polnischen Königs= thron, nachdem die Polen statt seiner bereits den Woiwoden von Posen, Stanislaus Lescinsky, den Freund Karls XII., zu ihrem Könige erwählt hatten. Als jedoch Karl XII. die Schlacht bei Pultawa[2]) 1709 gegen Rußland verlor, erlangte Friedrich Au= gust wieder die polnische Königskrone. Lescinsky wurde vertrieben.

Nach dem Tode Karls XII. (1718) schloß Schweden mit den kriegführenden Mächten den Frieden 1719—1721 und gegen Ent= schädigung erhielt

1) das Haus Hannover: Bremen und Verden;

2) Preußen: Stettin und Vorpommern bis an die Peene nebst den Inseln Wollin und Usedom[3]).

3) Karl August wurde als polnischer König anerkannt.

Als Karl August 1733 gestorben war, so brachte es der fran= zösische König Ludwig XV.[4]), der Schwiegersohn des vertriebenen Stanislaus Lescinsky dahin, daß dieser durch die Wahl der Polen die polnische Königswürde von Neuem erhielt. Dagegen erklärten sich die russische Kaiserin und der deutsche Kaiser Karl VI. für August III., den Sohn des eben verstorbenen Polenkönigs. Frank= reich fiel in Lothringen ein, während das mit ihm verbündete Spanien und Sardinien in Italien das kaiserliche Gebiet angriff. Nach manchen für die kaiserlichen Waffen ungünstigen Kämpfen ward im Wiener Frieden 1738 Folgendes bestimmt:

---

[1]) Westlich von Leipzig, in der preußischen Provinz Sachsen.

[2]) An der Pultawka, in Kleinrußland, südöstlich von Kiew am Dniepr.

[3]) Beide Inseln liegen an der Odermündung in Pommern.

[4]) Er regierte von 1715—1774.

1) Lothringen mit Bar[1]) fiel an Stanislaus Lescinsky, und nach dessen Tode sollte es mit Frankreich vereinigt werden;

2) der bisherige Herzog von Lothringen, Franz Stephan, der Gemahl der nachmaligen Kaiserin Maria Theresia, wurde mit dem durch das Erlöschen des mediceischen Hauses erledigten Großherzogthum Toscana entschädigt.

3) Mailändische Besitzungen erhielt der König von Sardinien.

4) Oesterreich mußte an den spanischen Prinzen Don Carlos (den Sohn Philipps V.), Neapel und Sicilien gegen die Herzogthümer Parma und Piacenza eintauschen.

Die pragmatische Sanktion. Karl VI., der letzte Kaiser aus dem habsburgischen Mannsstamme hatte durch ein Haus-Gesetz — die pragmatische Sanktion — die künftige Erbfolge in seinen Staaten 1724 festgestellt. In der pragmatischen Sanktion wurde

1) die Untheilbarkeit sämmtlicher österreichischer Gebiete,

2) die Erbfolge nach dem Rechte der Erstgeburt ausgesprochen, in der Weise jedoch, daß die Thronfolge bei dem Mangel männlicher Nachkommen auf die weibliche Linie übergehen solle;

3) Erst nach dem Aussterben der Linie Karls sollen die Töchter seines verstorbenen Bruders Joseph I. zur Regierung gelangen.

Im Wiener Frieden wurde die pragmatische Sanktion von Frankreich, Spanien, Neapel und Sardinien anerkannt, nachdem schon früher auf dem Reichstage zu Regensburg 1731 die deutschen Fürsten mit Ausnahme Kurbayerns, Kursachsens und der Kurpfalz die Garantie für dieselbe übernommen hatten.

Am 20. Oktober 1740 starb Karl VI., und gemäß der pragmatischen Sanktion folgte ihm in den österreichischen Erblanden seine mit Franz von Lothringen vermählte Tochter Maria The-

---

[1]) Das Herzogthum Bar (mit den Städten Bar le Duc und Ligny) lag westlich von Lothringen, ging südlich bis an die Franche-Comté, nördlich bis nach Luxemburg, und westlich grenzte es an die Champagne.

refia (1740—1780). So kam die Dynaftie Lothringen=
Habsburg auf den Thron, die gegenwärtig noch in Oefterreich
herrfcht.

Der öfterreichifche Erbfolgekrieg 1741—1748.

1) Der bayerifche Kurfürft, Karl Albrecht, der Sohn
   Max Emanuels II., beftritt, als Nachkomme einer Tochter
   des Kaifers Ferdinand I., der Erbtochter Karls VI. das
   öfterreichifche Erbe, und fchloß beßhalb gegen Maria
   Therefia das fogenannte Nymphenburger[1] Bünd=
   niß mit Frankreich und Spanien.
2) Der König von Preußen, Friedrich II., machte gleich=
   falls Anfprüche auf Theile von Schlefien und
3) der Kurfürft von Sachfen wollte fich auch aus der
   öfterreichifchen Erbfchaft ein Land verfchaffen.

Schnell rückte Karl Albert unter dem Beiftand franzöfifcher
Truppen in Oefterreich ein, ließ fich in Linz als Erzherzog, und
in Prag, das er erobert hatte, als Böhmenkönig huldigen, und
ward bald darauf zu Frankfurt 1742 auch als deutfcher Kaifer
Karl VII. gekrönt.

Aber die hart bedrängte Maria Therefia, welche zu den Un=
garn geflüchtet war, hatte von diefen Hülfe erhalten, und plötzlich
fiel ein öfterreichifch=ungarifches Heer in Bayern ein und befetzte
diefes. Kaifer Karl VII. mußte unterdeffen in Frankfurt refi=
biren.

Da Maria Therefia Theile von Schlefien dem König Fried=
rich II. nicht gutwillig überlaffen wollte, fo begann diefer den
erften fchlefifchen Krieg 1740—1742, befiegte die Oefterreicher
bei Molwitz[2] und Czaslau[3], worauf Maria Therefia im
Breslauer Frieden 1742 den größten Theil von Ober= und Unter=
fchlefien an Preußen abtrat. Die Franzofen wurden nun aus
Böhmen vertrieben und Maria Therefia ward in Prag als Kö=
nigin gekrönt. Hierauf fchlug die öfterreichifche Armee mit der

---

[1] Das Schloß Nymphenburg etwas nordweftlich von München.

[2] Südöftlich von Breslau in Schlefien.

[3] Südöftlich von Prag, im Czaslauer Kreis in Böhmen.

ihr verbündeten englischen die Franzosen bei Dettingen[1]) am Main 1743. In Folge dieser für die Herrscherin von Oesterreich günstigen Wendung der Dinge verbündete sich außer England, Holland und Sardinien auch Sachsen mit Oesterreich. Da begann Friedrich II., aus Besorgniß, seine schlesischen Eroberungen wieder zu verlieren, mit dem Einfall in Böhmen den zweiten schlesischen Krieg 1744—1745. Er wurde zwar von dem österreichischen Marschall Traun aus Böhmen hinaus verdrängt, besiegte aber doch schließlich die Oesterreicher und Sachsen bei Hohenfriedberg[2]), Soor[3]) und zuletzt durch seinen Feldherrn, den alten Leopold von Dessau, bei Kesselsdorf[4]) 1745. Maria Theresia bestätigte hierauf im Dresdener Frieden 1745 dem König von Preußen den Besitz von Ober= und Niederschlesien nebst der Grafschaft Glatz[5]). Während des zweiten schlesischen Krieges hatte auch Karl VII. Albrecht sein Bayern wieder in Besitz genommen, starb aber schon 1745. Ihm folgte sein Sohn Max III. Joseph in der Regierung Bayerns. Dieser schloß mit Oesterreich den Frieden zu Füssen[6]) am Lech 1745 und verzichtete auf die österreichische Erbschaft.

Frankreich setzte indessen den Krieg in Italien und in der österreichischen Niederlande gegen Maria Theresia fort, und war insbesondere unter seinem Marschall Moritz von Sachsen siegreich bei Fontenay[7]), Raucour[8]) und Laffeld[9]). Der ganze Krieg ward durch den Aachener Frieden 1748 beendigt, und Oesterreich trat an den spanischen Prinzen Philipp Parma mit Piacenza und Guastalla[10]) ab. Frankreich gewann Nichts.

---

1) Nordwestlich von Aschaffenburg.
2) Westlich von Breslau, in Schlesien.
3) Nördlich von Königsgrätz, im Königingrätzer Kreis in Böhmen.
4) Westlich von Dresden, im heutigen Königreich Sachsen.
5) In Südschlesien; die Stadt Glatz liegt an der Neisse, südwestlich von Breslau.
6) Südlich von Augsburg, im bayerischen Kreise Schwaben und Neuburg.
7) Südöstlich von Tournay, in der belgischen Provinz Hennegau.
8) Nordwestlich von Lüttich.
9) Bei Mastricht an der Maas.
10) Die Stadt Guastalla nordwestlich von Modena, unweit des Po.

Nach dem Tode Karls VII. ward der Gemahl Theresiens, der Großherzog Franz von Toscana, von den deutschen Fürsten zum deutschen Kaiser als

Franz I. gewählt, den der König Friedrich II. von Preußen nachträglich im Dresdener Frieden anerkannte.

Der siebenjährige Krieg 1756—1763. Die Kaiserin Maria Theresia wollte das an Preußen verlorene Schlesien wieder erringen; deßhalb schloß sie mit Frankreich, Rußland und Sachsen gegen Friedrich II. ein Bündniß, dem bald auch Schweden beitrat. Der preußische König, auf dessen Seite vorzüglich England war, zum Voraus von dem geheimen Plane seiner Gegner unterrichtet, fiel 1756 plötzlich in Sachsen ein, behandelte es wie eine eroberte Provinz, schlug die Oesterreicher bei Lowositz[1]), und nahm die bei Pirna[2]) eingeschlossenen Sachsen gefangen. Im folgenden Jahre 1757 begann Friedrich II. den Krieg mit einem Einfall in Böhmen und besiegte sogleich die Oesterreicher bei Prag, erlitt aber durch den österreichischen Feldherrn Daun bei Kollin[3]) eine blutige Niederlage, und mußte sich aus Böhmen zurückziehen. Ebenso wurden die Preußen bei Großjägerndorf[4]) von den Russen, und die mit Friedrich II. verbündeten Engländer von den Franzosen bei Hastenbeck[5]) besiegt. Dagegen schlug Friedrich II. die Franzosen bei Roßbach[6]) in die Flucht, und errang auch einen glänzenden Sieg über die Oesterreicher bei Leuthen[7]).

Im Jahre 1758 schlug Friedrichs Feldherr, Herzog Ferdinand von Braunschweig, die Franzosen bei Crefeld[8]),

---

[1]) An der Elbe, im Leitmeritzer Kreis in Böhmen.

[2]) An der Elbe im Königreich Sachsen.

[3]) Oestlich von Prag im Kauerzimer Kreis (Böhmen).

[4]) Oestlich von Königsberg und Welau in Preußen.

[5]) An der Weser, Landdrostei Hannover, südwestlich von der Stadt Hannover.

[6]) Südwestlich von Merseburg an der Saale in der preußischen Provinz Sachsen.

[7]) Westlich von Breslau in Schlesien.

[8]) Nordwestlich von Düsseldorf in der Rheinprovinz.

Friedrich selbst eroberte Schweidnitz[1]) und besiegte dann bei Zorndorf[2]) die Russen, verlor aber im Kampfe gegen die Oesterreicher bei Hochkirchen[3]) eine große Anzahl seiner Soldaten und viel Geschütz.

Im Jahre 1759 begann Frankreich mit zwei Heeren den Kampf gegen Preußen, und drängte Friedrichs Feldherrn, den Herzog von Braunschweig, bis nach Bremen zurück; doch dieser rückte hierauf plötzlich gegen die Franzosen vor, und besiegte sie bei Minden an der Weser. Friedrich selbst stand in Schlesien und konnte die Vereinigung der Russen mit den Oesterreichen nicht hindern. Ja in der blutigen Schlacht bei Kunersdorf[4]) wurde er vorzüglich durch den österreichischen General Laudon vollständig besiegt, und durch einen weiteren Unfall wurden bei Maxen[5]) 10000 Preußen von den Oesterreichern gefangen und Dresden ging für Friedrich verloren.

Im Jahre 1760 rieb der österreichische Feldherr Laudon eine große Anzahl Preußen bei Landshut[6]) im Riesengebirge auf, eroberte das feste Glatz und belagerte Breslau. Da eilte Friedrich II. herbei, besiegte ihn bei Liegnitz an der Katzbach und gewann dadurch wieder ganz Schlesien und Glatz, schlug hierauf die Oesterreicher unter Daun bei Torgau[7]), vorzüglich durch seinen tapferen Husarengeneral Ziethen, und ward so wieder Herr von ganz Sachsen.

Im Jahre 1761 eroberte Laudon die Festung Schweidnitz, die Russen nahmen Kolberg[8]) ein, aber im Jahre 1762 gewann Friedrich, welcher jetzt in Folge des russischen Thronwechsels einen Angriff von Seite der Russen nicht mehr zu fürchten hatte, bei Burkersdorf[9]) einen Sieg über die Oesterreicher unter Daun.

---

[1]) Südwestlich von Breslau in Schlesien.
[2]) Nördlich von Küstrin an der Oder, preußische Provinz Brandenburg.
[3]) Südwestlich von Bautzen im Königreich Sachsen.
[4]) Oestlich bei Frankfurt an der Oder (Brandenburg).
[5]) Südwestlich von Pirna an der Elbe, Königreich Sachsen.
[6]) Südlich von Liegnitz in preußisch Schlesien.
[7]) An der Elbe, preußische Provinz Sachsen.
[8]) An der Ostsee, in Pommern.
[9]) Südwestlich von Breslau in Schlesien.

114

Friedrichs Bruder, Heinrich, hatte auch die Sachsen bei Frei-
berg¹) geschlagen.

Da Alles des Krieges müde war, und auch Frankreich Nichts
gegen Friedrich ausrichtete, so schloß zuerst dieses mit ihm den
Pariser, und Oesterreich dann 1763 den Hubertsburger²)
Frieden, wodurch Friedrich Schlesien behielt und Preußen in
den Rang der europäischen Großmächte emporstieg.

Nach dem Tode des deutschen Kaisers Franz I. folgte ihm
in der Kaiserwürde sein bereits zum römischen König gekrönter
Sohn

Joseph II. In den österreichischen Ländern nahm ihn seine
Mutter Maria Theresia zum Mitregenten an, während sie die Seele
der ganzen Regierung bis zu ihrem Tode (1780) verblieb, und als
wahre Mutter für die Wohlfahrt der österreichischen Lande sorgte.

Als der kinderlose Kurfürst Max III. Joseph von Bayern
1777 gestorben war, und ihm der Kurfürst Karl Theodor von
der Pfalz folgte, so beredete diesen der Kaiser Joseph II. zur Abtretung Niederbayerns und der Oberpfalz gegen anderweitige Ent-
schädigungen. Dagegen legte Karl, Herzog von Pfalz-Zweibrücken,
Verwahrung ein; und als dieses Nichts half, so entstand der

Bayerische Erbfolgekrieg 1778—1779. Der König Friedrich II.
von Preußen unterstützte den Protest des Herzogs Karl von Pfalz-
Zweibrücken durch einen Einfall in Böhmen, aber bald kam der
Friede zu Teschen an der Elsa³) 1779 zu Stande, in
welchem Oesterreich das Innviertel⁴) mit Braunau und Schärding⁵)
erhielt.

Joseph II. bot hierauf dem Kurfürsten Karl Theodor die österreichischen Niederlande (Belgien) unter dem Titel eines burgundischen Königreichs gegen einen Verzicht auf Bayerns Herrschaft an.

---

¹) Südwestlich von Meißen, im Königreich Sachsen.
²) Schloß Hubertsburg zwischen Oschatz und Grimma im Königreich
Sachsen.
³) In Oesterreichisch Schlesien.
⁴) Zwischen dem Inn und Hausruckwald.
⁵) Am Inn in Oesterreich.

Die Ausführung dieses Planes hinderte aber der König Friedrich II. durch die Gründung des deutschen Fürstenbundes.

Joseph II. als österreichischer Regent. Nach dem Tode Maria Theresiens schaltete Joseph II. in Oesterreich äußerst willkührlich, besonders gegen katholische Einrichtungen, hob eine Menge Klöster auf, und entzog der katholischen Kirche viele Rechte und dadurch ihren wohlthätigen Einfluß auf das Gedeihen seiner Völker. Er gab das Toleranzedikt, worin er den Nichtkatholiken gleiche bürgerliche Rechte mit den Katholiken einräumte, hob die Leibeigenschaft auf, und erließ viele Gesetze, durch die er selbst die Ordnung und Ruhe in seinem Reiche untergrub. Die Ungarn waren unzufrieden mit seinen sogenannten Reformen; und als er in den österreichischen Niederlanden gleichfalls gewaltthätig gegen die katholische Geistlichkeit, sowie gegen die alten Rechte der dortigen Bewohner verfahren wollte, so brach ein Aufstand aus, und die Belgier sagten sich 1790 von der österreichischen Herrschaft los.

Die erste, zweite und dritte Theilung Polens 1773, 1793 und 1795. Nach dem Tode des Polenkönigs und sächsischen Kurfürsten August III. wählten die Polen, vorzüglich auf Betreiben Rußlands, den Stanislaus Poniatowsky, einen Günstling der russischen Kaiserin Katharina II., zu ihrem Könige 1764. Er war der letzte polnische König. Innere Zwietracht zwischen Katholiken und Dissidenten (d. i. Protestanten und Griechen) vorzüglich durch Rußland herbeigeführt, brachte einen verheerenden Bürgerkrieg hervor. Die russische Kaiserin Katharina II., König Friedrich II. von Preußen und Kaiser Joseph II. schlossen nun 1773 einen (ersten) Theilungsvertrag, nach welchem

1) Oesterreich: Ostgalizien und Lodomirien; 2) Preußen: West- oder Polnisch-Preußen nebst Ermeland und dem Netzdistrikt[1]) und 3) Rußland: Polnisch-Livland mit einem Theil von Lithauen erhielt. Als später die Polen ihre inneren Angelegenheiten durch eine neue Verfassung zu ordnen

---

[1]) Zu beiden Seiten der Netze, zwischen der Weichsel und Warthe (Nebenfluß der Oder).

8*

suchten, aber einige wenige unter ihnen gegen dieselbe protestirten, so verabredeten Rußland und Preußen 1793 eine zweite Thei=lung Polens, der zufolge Preußen Südpreußen mit den Weichselstädten Danzig und Thorn, Rußland aber Klein=polen und die Ukraine erhielt.

Hierauf erhoben sich die Polen unter Kosciusko zum Kampfe für ihr Vaterland, erlagen aber 1794 der Uebermacht des russischen Heeres. König Stanislaus mußte nicht lange darauf der Krone Polens entsagen und Rußland, Preußen und Oester=reich machten dem polnischen Staate 1795 durch eine dritte Theilung ein Ende, nach welcher Oesterreich Westgalizien nebst der Stadt Krakau[1]), Preußen Neu=Ostpreußen bis zur Weichsel, dem Bug und Niemen[2]) mit der Stadt Warschau, und Rußland den noch übrigen Theil, etwa 2000 Quadrat=meilen, bekam.

Türkenkrieg 1787. Joseph II. nahm auch an dem von Ruß=land gegen die Türken unternommenen Kriege Theil, ohne jedoch irgend welche erhebliche Vortheile daraus zu ziehen. Krank kehrte er aus diesem Kriege zurück und starb nicht lange darauf. Deut=scher Kaiser wurde jetzt sein Bruder, der Großherzog von Toscana,

Leopold II., welcher die Regierung unter den heftigsten Stürmen antrat. Er schloß 1791 mit der türkischen Pforte den Frieden von Szistowa[3]) in Bulgarien, wornach Oesterreich Belgrad und alle während des Krieges gemachten Eroberungen zurückgab.

Den Ungarn räumte er wieder ihre früheren Rechte ein. Auch gelang es ihm, durch ein abgeschicktes Heer, sowie durch Bestätigung ihrer alten Freiheiten die Niederlande (Belgien) 1790 wieder zum Gehorsam zurückzuführen.

Erstes Bündniß gegen Frankreich. Ungeheuere Staatsschulden, die ungleiche Besteuerung der Unterthanen, die Verbreitung des Unglaubens und die Gottlosigkeit Hoher und Niederer hatte im

---

[1]) An der Weichsel.

[2]) Der Niemen heißt auch die Memel und ergießt sich in zwei Armen (Ruß und Gilge) in das kurische Haff (Ostsee).

[3]) Am rechten Ufer der Donau.

Jahre 1789 in Frankreich die Revolution hervorgerufen, die auch für die deutschen Länder gefahrdrohend wurde. Deßwegen schloß Leopold II. mit dem König Friedrich Wilhelm II. von Preußen ein Schutzbündniß zur gegenseitigen Hülfeleistung, zur Gewähr ihrer Besitzungen und zur Aufrechthaltung des deutschen Reiches. Leopold II. starb bald, und es folgte ihm sein ältester Sohn, der Erzherzog

Franz II. als König von Ungarn und Böhmen und als (letzter) deutscher Kaiser. Kaum hatte dieser die Regierung in seinen Erblanden angetreten, so erklärte die französische National=versammlung ihm den Krieg. Franz II., an der von seinem Vater mit Friedrich Wilhelm II. abgeschlossenen Allianz festhaltend, ließ seine Truppen zu den Preußen und Hessen stoßen, und die vereinigte Armee drang unter Anführung des Herzogs Ferdinand von Braunschweig, nach Wegnahme der französischen Festungen Longwy[1]) und Verdun, in die Champagne ein. Nach einem mit den Franzosen bei Valmy[2]) 1792 bestandenen Kampfe zogen sich die erschöpften Preußen nach Luxemburg zurück, während der eine französische Anführer, Cüstine, Worms, Speyer, das feste Mainz und Frankfurt nahm, und der andere, Dumouriez, ein in Belgien aufgestelltes österreichisches Heer bei Jemappes (un=weit Mons) schlug, und Belgien eroberte. Auch Savoyen und Nizza gewannen die Franzosen. Unterdessen wurde Frankreich zu einer Republik erklärt, der König Ludwig XVI. von Frank=reich im Januar 1793 öffentlich enthauptet, und im Oktober des=selben Jahres traf seine Wittwe, Maria Antoinette, die Tochter der Kaiserin Maria Theresia, das gleiche traurige Loos. Jetzt bildete sich eine Vereinigung (Coalition) der europäischen Mächte (mit Ausnahme Dänemarks, Schwedens, Rußlands, und der Türkei) gegen die französische Republik. Die Oesterreicher unter dem Prinzen von Coburg schlugen die französischen Truppen bei Aldenhoven[3]), bei Neerwinden[4]), und Löwen in

---

1) Am Chiers, nordwestlich von Metz im heutigen Frankreich.
2) Zwischen Verdun und Chalons an der Marne.
3) Etwas südwestlich von Jülich.
4) In der Provinz Lüttich in Belgien, östlich von Tirlemont.

Belgien 1793 und besetzten hierauf wieder Belgien. Die Preußen schlugen das französische Heer bei Höchst am Main; Frankfurt und Mainz wurden von den Franzosen geräumt. Die Franzosen wurden ferner bei Pirmasens[1]) besiegt, und die Weißenburger Linien[2]) durch den österreichischen General Wurmser erstürmt. Eine britisch-spanische Flotte eroberte die Stadt Toulon[3]). Aber bald änderte sich das Kriegsglück für die Verbündeten. Diese wurden im Dezember 1793 von den französischen Heerführern Moreau und Hoche über den Rhein zurückgeworfen. Der französische Feldherr Jourdan eroberte 1794 durch Besiegung der Oesterreicher bei Fleurus[4]) ganz Belgien und der Franzose Pichegru gewann durch mehrere Siege 1795 Holland, welches als sogenannte batavische Republik mit Frankreich verbündet wurde. So waren alle festen Plätze auf dem linken Rheinufer mit Ausnahme von Mainz und Luxemburg für die Alliirten wieder verloren. Da die kriegführenden Theile erschöpft waren, so schloß Preußen mit Frankreich 1795 den Basler Frieden, demgemäß die Franzosen die am rechten Rheinufer eroberten preußischen Besitzungen abtraten, aber die am linken Rheinufer gelegenen behielten. Die Oesterreicher und Sachsen setzten den Krieg gegen Frankreich mit abwechselndem Glücke fort. Nachdem sich Luxemburg, Düsseldorf und Mannheim an die Franzosen ergeben hatten, besiegten die Oesterreicher das französische Heer bei Handschuchsheim (unweit Heidelberg), nahmen später Mannheim wieder ein, und trieben die Franzosen über den Rhein zurück. Es kam am ersten Jänner 1796 ein Waffenstillstand zwischen Frankreich und Oesterreich zu Stande. Im Juni 1796 begannen die Feindseligkeiten von Neuem. Der Erzherzog Karl von Oesterreich schlug den französischen Anführer Jourdan bei Wetzlar und Ukerath[5]), mußte aber gleich darauf vor der fran-

---

[1]) In der Rheinpfalz.

[2]) Verschanzungen zwischen Weißenburg und Lauterburg im nördlichen Elsaß.

[3]) In der Provence, am Mittelmeere.

[4]) In der belgischen Provinz Hennegau, westlich von Namur.

[5]) In der preußischen Rheinprovinz, östlich von Bonn.

zöstschen Uebermacht nach Bayern zurückgehen. Von Ingolstadt aus zog Karl plötzlich gegen den in Franken vordringenden Jourdan und besiegte ihn bei Amberg [1] (24. August) und bei Würzburg (3. September, 1796). Ebenso trieb der Erzherzog den auf München vorgehenden Franzosen Moreau durch die Schlachten bei Emmendingen [2] und Schliengen [2] über den Rhein.

Während der Feind aus Deutschland vertrieben war, errangen die Franzosen unter dem jungen Corsen Napoleon Buona= parte 1796 in Italien einen Sieg um den anderen. Napoleon schlug die Oesterreicher bei Montenotte [3] und Millesimo [3], die Piemontesen bei Ceva [4] am Tanaro und bei Montovi [4], so daß im Pariser Frieden Nizza [5] und Savoyen an Frankreich fielen, und der König von Sardinien fast Nichts als Turin hatte. Hierauf überschritt Buonaparte den Po, brachte durch die Besiegung der Oesterreicher bei Lodi an der Abda, bei Arcole an der Etsch und Rivoli [6] das ganze mailändische Gebiet, und nicht lange darauf selbst die Festung Mantua in seine Gewalt. Hierauf zog er gegen den Kirchenstaat und zwang den Papst Pius VI. im Frieden zu Tolentino [7] 1797 zur Abtretung von Avignon mit der Grafschaft Venaissin (in der Provence), dann der Städte Bologna, Ferrara [8] und der Provinz Romagna an Frankreich. Alsbald besiegte er den Erzherzog Karl bei dem Tagliamento [9] und trieb die Oesterreicher aus Italien. Napoleon rückte dann siegreich in die deutschen Provinzen Oesterreichs vor, und erlangte durch einen Vertrag zu Leoben [10] an der Mur die Verzichtlei= stung Oesterreichs auf Belgien und Mailand. Nachdem die Fran=

---

[1] In der bayerischen Oberpfalz.
[2] Im südlichsten Theile Badens.
[3] Oestlich von Mondovi im Fürstenthum Piemont in Sardinien.
[4] Beide im südlichen Piemont.
[5] Südwestlich von Genua, am Mittelmeere.
[6] Beim Gardasee.
[7] Am Chienti, südwestlich von Ancona.
[8] An einem Seitenarm des Po.
[9] Küstenfluß in Venetien zwischen Venedig und Udine.
[10] In Steiermark.

zosen Venedig besetzt hatten, schloß Napoleon zu Campo For=
mio [1]) 1797 den Frieden mit Oesterreich und dieses trat die öster=
reichische Lombardei an die von Napoleon gebildete cisalpinische
Republik ab, dagegen erhielt es durch Auflösung des venetiani=
schen Freistaates die Stadt Venedig und ihr Gebiet bis an die
Etsch nebst Istrien und Dalmatien, während Frankreich die joni=
schen Inseln nebst Albanien sich zueignete. Den Breisgau mit
Freiburg erhielt als Entschädigung der Herzog von Modena, dessen
Land der cisalpinischen Republik einverleibt wurde. In diesem
Frieden willigte Kaiser Franz II. in die Abtretung des linken
Rheinufers mit Einschluß der Festung Mainz, sowie der bei Basel
gelegenen österreichischen Besitzungen, wogegen er mit Salzburg
und einem Theile des südöstlichen Bayerns entschädigt werden sollte.
Der Friede zwischen Frankreich und dem deutschen Reiche sollte zu
Rastadt vermittelt werden; es begannen zwar auch die Friedens=
verhandlungen zu Rastadt, aber sie zerschlugen sich alsbald wieder.
Denn das übermüthige Frankreich hatte mitten im Frieden die
Schweiz angegriffen und ausgeraubt, und durch den General Ber=
thier hatte es Rom 1798 in eine Republik umgestaltet; der
greise Papst Pius VI. ward in französische Gefangenschaft nach
Valence [2]) an der Rhone abgeführt, wo er auch 1799 starb.
Napoleon hatte 1798 bei einer Expedition nach Aegypten den Mal=
teser=Ordensrittern, deren erwählter Ordensmeister der russische
Kaiser Paul war, Malta, den Türken Alexandrien und Kairo in Aegypten
weggenommen. Freilich vernichtete kurz darauf auch der englische
Admiral Nelson die ganze französische Flotte bei Abukir [3]). In
Italien hatten die Franzosen das Königreich Neapel in die soge=
nannte parthenopäische [4]) Republik umgewandelt. Durch
dieses siegreiche Auftreten der Franzosen ward

das zweite Bündniß gegen Frankreich veranlaßt, welches
Oesterreich, England, Rußland, die Türkei und Neapel mit einander
schlossen. Preußen hielt sich vom Kriege fern. Der Kampf begann

---

[1]) Nordöstlich von Venedig in Venetien.
[2]) Zwischen Lyon und Avignon.
[3]) Zwischen Alexandrien und Rosette in Aegypten.
[4]) Parthenope war der alte Name der Stadt Neapel.

in Deutschland mit dem Uebergang der Franzosen über den Rhein und der Wegnahme Mannheims durch dieselben. Erzherzog Karl schlug sie hierauf bei Stockach[1]) und Zürich. Nicht minder glücklich waren die verbündeten Oesterreicher und Russen in Oberitalien; nach mehreren siegreichen Kämpfen der Oesterreicher schlug der Russe Suwarow die Franzosen so entscheidend an der Abba (bei Cassano) und an der Trebia, daß die cisalpinische Republik aufgelöst wurde. Die parthenopäische Republik erlag einem Aufstande der durch eine Flotte der Verbündeten unterstützten Calabresen. Die Oesterreicher siegten noch bei Novi[2]) und Fossano[3]) und ganz Italien mit Ausnahme Genuas oder der sogenannten ligurischen Republik war den Franzosen entrissen.

Da erschien plötzlich der aus Aegypten zurückgekehrte Napoleon, seit dem 10. November 1799 erster Consul von Frankreich, auf dem Kriegsschauplatze in Italien. Die Oesterreicher, welche eben in den Besitz Genuas gelangen sollten, wurden bei Montebello[4]), dann bei Marengo[5]) 1800 besiegt, und ganz Oberitalien bis an den Mincio fiel wieder den Franzosen zu. Unterdessen hatte auch Moreau den Oesterreichern bei Biberach[6]) eine Niederlage beigebracht, und schlug sie bei Hohenlinden[7]) 1801 so vollständig, daß Kaiser Franz II. sich zum Frieden von Lüneville[8]) 1801 verstand, worin er in die Abtretung des linken Rheinufers an Frankreich einwilligen mußte; die deutschen Fürsten, welche jenseits des Rheins Besitzungen hatten, sollten mit andern diesseits des Rheins zufrieden gestellt, und der Großherzog von Toscana, der sein Land als Königreich Etrurien an den Erbprinzen von Parma abtrat, in Deutschland vollständig entschädigt werden. Neapel machte gegen Abtretung einiger Inseln Frieden

---

1) Im südlichsten Theile Badens.
2) Südlich von Alessandria.
3) Südlich von Turin.
4) Südlich von Pavia, in Sardinien.
5) Etwas südöstlich von Alessandria.
6) Im Donaukreis in Württemberg.
7) Oestlich von München, in Oberbayern.
8) An der Meurthe in Lothringen.

mit Frankreich; und der neue Papst **Pius VII.** erhielt von Napoleon den Kirchenstaat zurück.

Der **Reichsdeputationshauptschluß** zur Entschädigung der deutschen Fürsten wurde 1803 auf dem Reichstage zu Regensburg unter dem Einflusse Frankreichs ausgeführt. Es erhielt der Großherzog Ferdinand von Toscana das Erzstift Salzburg mit der Kurwürde, der Herzog von Modena den Breisgau mit der Ortenau [1]), Bayern die Bisthümer Würzburg, Bamberg, Freising und Passau und mehrere Reichsstädte; die geistlichen Kurfürsten verloren ihre Länder und Würden; nur der Mainzer Kurfürst Karl von Dalberg bekam Regensburg mit Aschaffenburg und Wetzlar. Preußen bekam die westphälischen Bisthümer und Abteien; die Fürsten von Baden, Würtemberg und Hessen-Kassel wurden Kurfürsten und erhielten verschiedene geistliche Stifte und Reichsgüter.

Napoleon, französischer Kaiser. Der zum lebenslänglichen Consul Frankreichs ernannte Napoleon bestieg im Jahre 1804 als Kaiser Napoleon mit erblichem Rechte den französischen Thron, und ward vom Papst Pius VII. in Paris gekrönt. Im Jahre 1805 setzte er sich als „König von Italien" die eiserne Krone zu Mailand auf.

Drittes Bündniß gegen Frankreich. England, welches das den Franzosen entrissene Malta nicht zurückgeben wollte, war bereits 1803 in Krieg mit Napoleon verwickelt, der das dem englischen Könige zugehörende Hannover besetzen ließ. England schloß daher mit Schweden und Rußland gegen Frankreich ein Bündniß, dem sich auch Oesterreich beigesellte. Preußen hielt sich wiederum vom Kriegsschauplatze ferne. Napoleon überschritt mit einem Heere den Rhein, zwang die Kurfürsten von Baden, Würtemberg und Bayern, sich mit ihm zu verbünden, gewann die Festung Ulm an der Donau, zog längs der Donau dem verbündeten russisch-österreichischen Heere entgegen und schlug es bei Austerlitz [2]) in Mähren 1805 so vollständig, daß der Kaiser

---

[1]) Nördlich vom Breisgau, im jetzigen Großherzogthum Baden.
[2]) Südöstlich von Brünn.

Franz II. sich zum Frieden von Preßburg[1] 1805 bequemte.
In demselben trat der Kaiser Franz II. das venetianische Gebiet
nebst Dalmatien an das Königreich Italien ab. Die Kurfürsten
von Bayern und Würtemberg bekamen den Königstitel und
jener Tyrol, die Stadt Augsburg, und gegen Abtretung von
Berg das Fürstenthum Ansbach; dieser die österreichischen Besitzungen in Schwaben; der badische Kurfürst erhielt den Breisgau
und die Stadt Constanz. Preußen bekam als Entschädigung für
Ansbach, Cleve und Neuenburg, den Kurstaat Hannover, der Kurfürst Ferdinand von Salzburg verlor sein Land an Oesterreich und
bekam dafür das Großherzogthum Würzburg (er regierte daselbst bis
1814). An die Stelle des entthronten Königs von Neapel machte
Napoleon seinen Bruder Joseph zum neapolitanischen König,
seinen Bruder Ludwig ernannte er zum König von Holland und
seinen Schwager Murat zum Großherzog von Berg. Aber unterdessen hatte er auch die bittere Nachricht von der Vernichtung der
französisch-spanischen Flotte beim Cap Trafalgar[2] 1805 durch
den englischen Seehelden Nelson erfahren müssen.

Ende des deutschen Reiches. Sechzehn Fürsten des südlichen
und westlichen Deutschlands, worunter Bayern, Würtemberg,
Baden, Darmstadt, der Reichserzkanzler und Primas Dalberg,
sagten sich 1806 vom deutschen Reichsoberhaupte los und bildeten
den Rheinbund unter dem Schutze (Protektorat) Napoleons.
Da legte Franz II. den Titel eines römischen Kaisers
deutscher Nation nieder, und führte fortan den Titel „Franz I.,
Kaiser von Oesterreich"[3], den er schon 1804 angenommen hatte.
Die Regenten von Baden und Hessen-Darmstadt wurden zu Groß-
herzogen erhoben. Das deutsche Reich als solches hatte sein Ende
erreicht.

---

[1] An der Donau, im westlichen Ungarn, östlich von Wien.

[2] An Spaniens Südküste, am atlantischen Meere.

[3] Franz I., Kaiser von Oesterreich, regierte bis zum Jahre 1835. Seine
Nachfolger in Oesterreich sind: Ferdinand I. 1835—1848, und Franz Joseph I.
1848 bis jetzt.

Siebenter Abschnitt.

Von der Auflösung des deutschen Reiches bis auf die Gegenwart.

Der erste preußisch-französische Krieg 1806—1807. Napoleon hatte mitten im Frieden die preußische Festung Wesel[1]) weggenommen, und bereits den Engländern das als Entschädigung an Preußen gefallene Hannover angeboten. Darauf erklärte der König Friedrich Wilhelm III. von Preußen, mit dem der sächsische Kurfürst Friedrich August verbündet war, den Krieg an Napoleon. Ungewöhnlich schnell erschien dieser mit einem Heere in Thüringen, und während er die Preußen und Sachsen bei Jena[2]) am 14. Oktober 1806 schlug, besiegte sein General Davoust ein anderes vom Herzog von Braunschweig geführtes preußisches Heer am nämlichen Tage bei Auerstädt[3]). Der siegreiche Franzosen-Kaiser zog nach Wegnahme mehrerer preußischen Festungen in Berlin ein, und decretirte von hier aus die Absetzung des Kurfürsten von Hessen und der Herzoge von Braunschweig und Nassau. Der sächsische Kurfürst, welcher dem Rheinbund beitrat, und dessen Beispiel später auch die Fürsten der sächsisch-ernestinischen Linie nachahmten, erhielt den Königstitel.

Von Berlin aus rief Napoleon die Polen zum Kampfe für ihre Befreiung auf, und hielt alsbald seinen Einzug in Warschau. Hierauf kämpfte er in der unentschiedenen Schlacht bei Eilau[4]) 1807 mit den Preußen und den zu ihnen gestoßenen Russen, besiegte das verbündete preußisch-russische Heer bei Friedland[5]) an der Alle, und nahm Königsberg. Da wurde auf die Bitte des Königs Friedrich Wilhelm III. von Preußen der Friede zu Tilsit[6])

---

[1]) Am rechten Rheinufer und an der Mündung der Lippe.
[2]) An der sächsischen Saale.
[3]) Nördlich von Jena.
[4]) Südlich von Königsberg in Ostpreußen.
[5]) Südöstlich von Königsberg.
[6]) An der Memel in Ostpreußen, nordöstlich von Königsberg.

geschlossen, worin Preußen alle Provinzen am linken Elbufer, sowie
Polen verlor, während Rußland ein Stück von Polen erhielt. Aus
Theilen von Süd= und Neuostpreußen schuf Napoleon das Her=
zogthum Warschau, dessen Regent der König von Sachsen mit
dem Rechte der Erbfolge sein sollte. Danzig ward eine Frei=
stadt, während im Westen aus Südhannover, Kurhessen, Braun=
schweig und den dem König von Preußen entrissenen Ländern das
Königreich Westphalen mit der Hauptstadt Kassel an der
Fulda gebildet, und Napoleons Bruder Hieronymus zum Könige
desselben ernannt wurde.

Neuer Krieg Oesterreichs gegen Napoleon 1809. In Spanien
hatte Napoleon seinem Bruder Joseph, dem bisherigen Könige von
Neapel, die Königskrone verschafft, Neapel kam an Murat, Napo=
leons Schwager, während Napoleon dessen Großherzogthum Berg
Frankreich einverleibte. Allein alsbald erhoben sich die Spanier
in Masse gegen die napoleonische Gewaltherrschaft und der neue
König mußte entfliehen. Napoleon kam jetzt selbst mit einem großen
Heere über die Pyrenäen und unterwarf Spanien. Unterdessen
hatte der österreichische Kaiser Franz, durch den Widerstand der
Spanier ermuthigt, sein Heer gegen Frankreich zum Kampfe auf=
geboten. Napoleon eilte an die Donau und besiegte die Oester=
reicher in mehreren Schlachten, wie bei Eckmühl[1]), Regens=
burg, und hielt seinen Einzug in Wien. Bei Aspern[2]) und
Eßling[2]) schlug ihn darauf der Erzherzog Karl, mußte aber
leider in der blutigen Schlacht bei Wagram[3]) auf dem March=
felde 5. und 6. Juli 1809 der Uebermacht Napoleons unterliegen.
Kaiser Franz schloß mit Napoleon den Waffenstillstand von
Znaym[4]) und am 14. Oktober 1809 den Wiener Frieden
unter folgenden Bedingungen:

1) Oesterreich trat Salzburg, Berchtesgaden, das Inn= und
   Hausruckviertel an Bayern ab.

---

[1]) Zwischen Regensburg und Landshut.
[2]) Oestlich von Wien, jenseits der Donau.
[3]) Nordöstlich von Wien, jenseits der Donau.
[4]) In Mähren, nordwestlich von Wien.

2) Theile von Galizien nebst Krakau verlor es an das Her=
zogthum Warschau, den zamosker Kreis in Ostgalizien an
Rußland.

3) Das Gebiet von Kärnthen bis nach Kroatien fiel an
Frankreich, und Napoleon bildete aus diesem nebst Dal=
matien und Istrien die sogenannten illyrischen Pro=
vinzen.

Von Schönbrunn bei Wien aus hatte Napoleon bereits im
Mai 1809 die Aufhebung der weltlichen Herrschaft des
Papstes verfügt, und Pius VII. kam in französische Gefan=
genschaft nach Savona [1]), und später nach Fontainebleau [2]).

Aufstand in Tyrol. Das biedere Volk der Tyroler, das durch
den Preßburger Frieden 1805 unter Bayerns Scepter ge=
kommen war, erhob sich beim Beginne des neuen österreichisch-fran=
zösischen Krieges unter Anführung des Sandwirthes Andreas
Hofer von Passeyr, und mehrerer Anderer, um wieder mit Oester=
reich vereinigt zu werden. Die Bayern mußten das Land ver=
lassen und die gegen die Tyroler abgesandten französischen Truppen
wurden zurückgeschlagen. Später mußten sich jedoch die Tyroler
unterwerfen und Andreas Hofer ward in Mantua von den Fran=
zosen erschossen. Blos der nördliche Theil des Landes kam jetzt an
Bayern, während das südliche Tyrol mit dem Königreich Italien
und das östliche mit Illyrien verbunden wurde.

Einige in dieser Zeit im Norden Deutschlands gegen die na=
poleonische Gewaltherrschaft versuchten Aufstände mißlangen.

Neue Besitzveränderungen in Deutschland und Holland:
1) Den Fürsten Primas Karl von Dalberg hatte Napo=
leon mit Frankfurt beschenkt und ihn zum Großherzog
von Frankfurt erhoben, dagegen Regensburg an
Bayern überlassen.

2) Das Königreich Holland nahm er seinem Bruder Ludwig,
der sich nicht in Allem seinem Willen fügen wollte, und
vereinigte es mit Frankreich.

---

1) Am Mittelmeere, südwestlich von Genua.
2) Südöstlich von Paris.

3) Ebenso kam das Herzogthum Oldenburg, und die Städte Hamburg, Bremen und Lübeck unmittelbar unter französische Herrschaft.

4) Das seit dem westphälischen Frieden den Schweden gehörige Stralsund und Rügen wurden gleichfalls französisch.

Der französisch-russische Krieg 1812. Kaiser Alexander von Rußland, seit dem Tilsiter Frieden mit Napoleon befreundet, verlangte, über die immer weiter sich ausdehnende Macht Napoleons erbittert, von diesem den Abzug der französischen Truppen aus Preußen. Der französische Kaiser antwortete ihm mit Krieg. Er fiel mit einem gewaltigen aus Franzosen und Deutschen bestehenden Heere, den Niemenfluß überschreitend, in Rußland ein; aber je weiter er vordrang, desto mehr wichen die Russen zurück, hinter sich Alles zerstörend. Hie und da kam es zu Kämpfen, wie bei Polozk[1]) an der Düna, wo sich besonders die Bayern unter ihrem General Deroy auszeichneten. Vor Moskau bei Borodino siegte Napoleon über die Russen und hielt alsbald seinen Einzug in Moskau. Aber hier konnte seine ermüdete und erschöpfte Armee in keiner Weise die ersehnte Erholung finden; denn Moskau wurde durch die Russen selbst ein Raub der Flammen. Napoleon sah sich gezwungen, bei dem Herannahen des Winters mit seinem theils durch Kämpfe, theils durch Entbehrungen aller Art bedeutend zusammengeschmolzenen Heere den Rückzug anzutreten. Ueber die Beresina, einen Nebenfluß des Dnieper, mußte er sich den blutigen Uebergang gegen die ihn verfolgenden Russen erkämpfen. Napoleon selbst hatte nach dem Ueberschreiten der Beresina sein Heer verlassen und war nach Paris vorausgeeilt. Von fünfhunderttausend Kriegern erreichten noch etwa zwanzigtausend Deutschland.

Die Freiheitskriege 1813. Nach dem unglücklichen Ausgange des russischen Feldzugs schloß der preußische König Friedrich Wilhelm III. mit dem russischen Kaiser Alexander zu Kalisch[2]) 1813 einen Freundschaftsvertrag, und erklärte hierauf an Frankreich den Krieg. Die Franzosen unter Eugen Beauharnais wurden bei

---

1) Etwas südöstlich von Riga (an der Ostsee).

2) In Polen, südwestlich von Warschau und nördlich von Breslau.

Möckern[1]) vom preußischen General Dörnberg geschlagen; Napoleon aber, der mit einer großen Armee rasch den Rhein überschritt, besiegte in zwei blutigen Schlachten bei Lützen (Großgörschen) und Bautzen[2]) das verbündete preußisch-russische Heer, wobei er jedoch gleichfalls die größten Verluste erlitt. Napoleon selbst bot den Verbündeten einen Waffenstillstand an, welcher auch zu Pleischwitz[3]) geschlossen wurde.

Den verbündeten Preußen und Russen gelang es, durch den Vertrag von Reichenbach.[4]), auch den österreichischen Kaiser für den Kampf gegen Napoleon zu gewinnen. Nach einem zu Prag mißlungenen Versuch, den Frieden herzustellen, erklärte Oesterreich den Krieg an Napoleon, dessen Macht bereits auch in Spanien durch den Engländer Wellington gebrochen wurde. Die Hauptarmee der Verbündeten stand in Böhmen unter dem Oberbefehlshaber Fürsten Schwarzenberg, ein anderes Heer derselben unter Blücher in Schlesien, ein drittes, das Nordheer, unter dem schwedischen Kronprinzen, dem ehemaligen französischen General Bernadotte, diente zum Schutze Berlins. Napoleons Heer stand bei Dresden.

Napoleon ließ fast zu gleicher Zeit sowohl das bei Berlin stehende Heer der Verbündeten, als auch das schlesische unter Blücher angreifen. Während Blücher die Franzosen bei Wahlstatt (bei Liegnitz) an der Katzbach vollständig schlug, errangen gleichfalls die Preußen unter Bülow einen glänzenden Sieg bei Großbeeren[5]) über dieselben. Dagegen schlug Napoleon bei Dresden das heranziehende Hauptheer der Verbündeten, so daß sich dasselbe in das Gebirge zurückziehen mußte. Aber nicht lange darauf siegten die Verbündeten über den französischen General Vandamme bei Kulm[6]) und nahmen diesen sammt einem Theile seiner Truppen gefangen, und die Preußen unter Bülow und Tauenzien schlugen den französischen Marschall Ney bei Denne-

---

1) Oestlich von Magdeburg, in der preußischen Provinz Sachsen.
2) Nordöstlich von Dresden, im Königreich Sachsen.
3) Bei Jauer, südlich von Liegnitz in Schlesien.
4) Südwestlich von Breslau, in Schlesien.
5) Südlich von Berlin, in der Provinz Brandenburg.
6) Südlich von Dresden, im Leitmeritzer Kreis (Böhmen).

wiß[1]). Von Bayern, welches seit dem 8. Oktober zu den Verbündeten übergetreten war, hatte Napoleon keine Unterstützung mehr
zu erwarten. Napoleons Schicksal wurde in der großen Völkerschlacht
bei Leipzig am 16. und 18. Oktober 1813 durch den Sieg der
Verbündeten entschieden; am 19. Oktober trat Napoleon den Rückzug
an, ward bei Hanau am Main am 30. und 31. Oktober von
den Bayern unter Wrede und den Oesterreichern angegriffen und
erst nach schwerem Verluste konnte er bei Mainz den Rhein über-
schreiten. Der Rheinbund löste sich auf und die Fürsten desselben
schlossen sich den Verbündeten an. Der König Hieronymus mußte
aus Kassel fliehen, und das Königreich Westphalen hatte sein Ende
erreicht. Im Dezember des Jahres 1813 vertrieb auch Bülow die
Franzosen aus Holland.

Die Kämpfe der Verbündeten in Frankreich 1814. Die Verbündeten wollten Napoleon im eigenen Lande angreifen, und setzten
deßhalb am 1. Januar 1814 über den Rhein. Jetzt mußten die
Franzosen allmählig auch die von ihnen besetzten Festungen diesseits des Rheins an die Verbündeten übergeben. Blücher schlug
sich bei Brienne[2]) mit Napoleon und besiegte den französischen
Marschall Marmont bei Laon[3]), obwohl Napoleon auch einige
Vortheile über die einzelnen Heerestheile der Verbündeten errungen
hatte. Als Napoleon die Alliirten im Rücken angreifen wollte,
gingen dieselben nach einem Siege über die Franzosen bei Fere
Champenoise[4]) auf Paris los, und hielten nach Erstürmung
des Montmartre[5]) ihren Einzug in die französische Hauptstadt. Napoleon mußte zu Fontainebleau für sich und seine Erben
auf die Herrschaft Frankreichs und Italiens verzichten, und erhielt
die Insel Elba[6]) im mittelländischen Meere als Besitzthum, wohin

---

[1]) Südlich von Potsdam und nordöstlich von Wittenberg, in der Provinz
Brandenburg.

[2]) An der Aube, zwischen Bar und Arcis in der Champagne.

[3]) Nordwestlich von Rheims, in der Picardie.

[4]) Zwischen Epernay an der Marne und Bar an der Aube, östlich von
Paris.

[5]) Ein Hügel bei Paris.

[6]) Zwischen der Insel Corsica und Toscana.

er auch alsbald abging. Papst Pius VII. dagegen zog am 24. Mai 1814 in Rom ein, und übernahm wieder die Regierung des Kirchenstaats. Durch den ersten Pariser Frieden am 30. Mai 1814 ward Ludwig XVIII., der Bruder des unglück-lichen Ludwig XVI., König von Frankreich, und die französischen Grenzen sollten die vom Jahre 1792 sein.

Einzug Napoleons in Paris. Schlacht bei Waterloo 1815.
Als die verbündeten Fürsten nach Wien zusammen gekommen waren, um die neue Ordnung Europas auf dem sogenannten Wiener Congresse (2. November 1814 — 9. Juni 1815) festzu-stellen, landete plötzlich Napoleon am 1. März 1815 in Frankreich, gewann das französische Heer für sich und hielt seinen Einzug in Paris, während König Ludwig XVIII. entfliehen mußte. Es begann „die Herrschaft der hundert Tage" Napoleons.

Die Verbündeten, welche ihn als einen Friedensstörer ächteten, rüsteten gewaltige Heeresmassen zum letzten Entscheidungskampfe gegen Napoleon aus. Dieser eilte mit einer Armee nach Belgien, wo Blücher und der englische Befehlshaber Wellington stan-den, griff Blüchers Heer an, und besiegte die Preußen bei Ligny[1]. Hingegen mußte sich Marschall Ney bei Quatrebas[2] vor den Alliirten zurückziehen. Bei dem Dorfe Waterloo (Belle-Alliance)[3] hatte Wellington sein Heer aufgestellt. Am 18. Juni 1815 ent-brannte der furchtbare Kampf, dessen Ausgang der gegen Abend herbeieilende Blücher zu Gunsten der Alliirten entschied. Die Franzosen rannten in wilder Flucht davon. Am 22. Juni (Ende der hundert Tage) entsagte Napoleon zum zweiten Male dem fran-zösischen Throne und zwar zu Gunsten seines von seiner zweiten Gemahlin ihm gebornen Sohnes Napoleon II. Er selbst floh nach Rochefort[4], wo er sich den Engländern ergab, die ihn nach dem Beschlusse der Verbündeten auf die Insel St. Helena[5] im atlantischen Ocean brachten, wo er bis zu seinem 1821 erfolgten

[1] In der belgischen Provinz Namur, westlich von der Stadt Namur.
[2] Nordwestlich von Namur, in Südbrabant.
[3] Südlich von Brüssel, in der belgischen Provinz Brabant.
[4] An der Charente, zwischen Nantes und Bordeaux in Westfrankreich.
[5] Unterhalb des Aequators, westlich von Südafrika.

Tode verbleiben mußte. Wellington und Blücher hielten ihren Einzug in Paris, deßgleichen die Kaiser von Oesterreich und Rußland, der König von Preußen und Ludwig XVIII. von Frankreich. Es folgte am 20. November 1815 der zweite Pariser Frieden, worin Frankreich mehrere Gebiete abtreten mußte. Die Monarchen von Oesterreich, Rußland und Preußen schlossen zur Befestigung und Erhaltung des europäischen Friedens den heiligen Bund, dem fast alle Regenten Europas beitraten.

Hauptbestimmungen des Wiener Congresses und des zweiten Pariser Friedens. Nach dem Wiener Congreß und dem zweiten Pariser Frieden erhielt die westliche Hälfte Europas folgende Umgestaltung:

1) Das Herzogthum Warschau ward aufgelöst und fiel theils an Rußland, theils an Preußen.

2) Dänemark verlor Norwegen an Schweden und wurde mit dem Herzogthum Lauenburg entschädigt.

3) England behielt die Inseln Helgoland und Malta, und empfing die Oberherrschaft über die jonischen Inseln.

4) Holland und Belgien wurden mit einander vereinigt und zum Königreich der Niederlande erhoben.

5) Frankreich trat an Bayern die Festung Landau und an Preußen Sarlouis ab.

6) Zu Savoyen kamen Genua und mehrere andere Gebiete und bildeten das Königreich Sardinien. Wie der Kirchenstaat, so erhielt auch

7) das Königreich beider Sicilien seinen früheren Herrscher zurück, und mehrere kleine Herzogthümer Italiens wurden gleichfalls wieder errichtet.

8) Die Schweiz erhielt drei neue Cantone, so daß sie jetzt aus 22 Cantonen besteht.

9) Die 38 Staaten Deutschlands bilden zusammen den deutschen Bund. Oesterreich hatte Tyrol, das mailändische und venetianische Gebiet (das lombardisch-venetianische Königreich), Preußen Schwedisch-Pommern, einen großen Theil Sachsens, die niederrheinischen Provinzen nebst seinen früheren Besitzungen erhalten. Hannover wurde Königreich.

9*

Demnach umfaßt jetzt Deutschland außer einem Kaiserthum, Oesterreich, fünf Königreiche: 1) Preußen; 2) Bayern; 3) Würtemberg; 4) Sachsen; 5) Hannover. Sieben Großherzogthümer: 1) Baden; 2) Hessen-Darmstadt; 3) Mecklenburg-Schwerin; 4) Mecklenburg Strelitz; 5) Sachsen-Weimar; 6) Oldenburg; 7) Luxemburg. Ein Kurfürstenthum: Hessen-Kassel. Mehrere Herzogthümer, Fürstenthümer, eine Landgrafschaft und vier freie Städte.

Seit der Vernichtung der napoleonischen Gewaltherrschaft wurde Deutschland von äußern Feinden verschont, und wenn auch hie und da sich Stürme erhoben, so legten sie sich bald wieder. Die einzelnen Staaten fingen an, die staatlichen und kirchlichen Verhältnisse zu regeln, durch verbesserte Gesetze und zeitgemäße Einrichtungen, durch Gründung von Schulen, durch Hebung des Handels, der Gewerbe, des Ackerbaues, durch Anlegung von Kunststraßen und Eisenbahnen, durch Errichtung von Posten und Telegraphenleitungen die Wohlfart ihrer Unterthanen zu erhöhen. Wissenschaften und Künste finden jetzt eifrige Förderer, wiewohl auch schon das vorige Jahrhundert in dieser Hinsicht ausgezeichnete Männer hervorbrachte. Das Vaterland wird zugleich durch Heranbildnng einer tüchtigen Armee gegen äußere, wie innere Gefahren geschirmt. Die Angelegenheiten, welche die einzelnen Staaten mit einander abzumachen haben, werden in der zu Frankfurt am Main tagenden Bundesversammlung verhandelt.

Der Krieg mit Dänemark 1863—1864. Die vielen gerechten Klagen der beiden nordalbingischen Herzogthümer Schleswig und Holstein über die gewaltsame Bedrückung von Seite Dänemarks bewogen den deutschen Bund, sächsische und hannover'sche Truppen 1863 in Holstein einrücken zu lassen. Diesen folgten alsbald die Preußen und die mit ihnen verbündeten Oesterreicher, drangen, als Dänemark auf die Forderungen Preußens und Oesterreichs nicht einging, nach Schleswig vor, eroberten das Danewerk bei der Stadt Schleswig und zerstörten es. Nach diesem Siege erstürmten im April 1864 die Preußen die Düppler Schanzen[1],

---

[1] Im Nordosten Schleswigs.

während die Oesterreicher die im südöstlichen Jütland liegende dänische Festung Friedericia besetzten. Nach fruchtlosen Friedens=verhandlungen zu London bemächtigten sich die Preußen der Insel Alsen im Nordosten Schleswigs, und machten eine Menge Gefan=gener. Jetzt erst verstand sich Dänemark zu den von Oesterreich und Preußen vorgeschriebenen Friedenspräliminarien zu Wien, denen hoffentlich der Friede zum Wohle der nordalbingischen Her=zogthümer und zum Gedeihen Deutschlands folgen wird.

Heil und Segen dem Vaterlande!

B.

Abriß der Geschichte Bayerns.

~~~~~~~

Erster Abschnitt.

Das eigentliche Bayern seit der ältesten Zeit bis zur Herrschaft der Karolinger.

I.

Die Bojer.

Das heutige Königreich Bayern, das die ehemaligen Wohn-sitze der Bayern, Franken und Schwaben umfaßt, hat sei-nen Namen von den alten Bojern oder Bajuvariern, einem deutschen Volke, welches südlich von der Donau seine Heimath hatte. Ursprünglich bewohnten die Bojer das Land nördlich der Donau, Böhmen oder Bojoheim. Von hier unternahmen sie einige Zeit vor Christi Geburt verschiedene Wanderzüge nach Osten, Westen und Süden. So siedelte sich ein Theil der Bojer, die Tollisto-bojer, in Kleinasien hinter Phrygien an, ein anderer hatte sich in Oberitalien westlich von Venetern niedergelassen und im Heere Hannibal's den zweiten punischen Krieg mitgekämpft.

Zur Zeit des römischen Feldherrn Cajus Julius Cäsar zogen 32,000 Bojer mit den Helvetiern über den Rhein nach Gal-lien, und während sich die Helvetier den Römern ergaben, schlugen sich die Bojer äußerst tapfer mit Cäsar herum, und erhielten im Lande der Aeduer[1]), dem späteren Burgund, Wohnsitze.

Die in Böhmen hausenden Bojer wurden ungefähr um das Jahr 13 v. Chr. Geb. von den Marcomannen, welche Anfangs zwischen dem Rheine und Maine wohnten, aus Böhmen vertrieben, und zogen über die Donau. Eine Schaar wanderte in das nabische Land bis zur Altmühl und dem Fichtelgebirge (Nordgau)[2]) ein, die andern ließen sich in dem großen von den Römern eroberten Gebiete nieder, das die Namen Vindelicien, Rhätien und Noricum trug. Die Bojer standen über 400 Jahre unter römischer Herrschaft, und lebten nach römischen Gesetzen. Die Römer legten im Lande Straßen, sowie Waffenplätze und Castelle an, woraus Städte emporblühten, während die eingewanderten Bojer das Land bebauten und es zum Wohlstand brachten.

Die Bojer waren, wie die übrigen Deutschen, Heiden; doch fand das Christenthum schon frühzeitig bei einem Theil derselben Eingang. Außer vielen anderen Glaubensboten verdient besonders im fünften Jahrhundert der heilige Severin als „Apostel der Noriker und Bojer" erwähnt zu werden; derselbe genoß eines großen Rufes weit über die Grenzen des alten Bojerlandes. Klöster und Kirchen erhoben sich an verschiedenen Orten; sehr berühmt war das Kloster Lorch (Laureacum) an der Enns.

Als deutsche Völker gegen das römische Reich anstürmten, ward auch das Land der Bojer verwüstet. Mit dem Sturze der römischen Herrschaft kamen die Bojer in Abhängigkeit von dem Ostgothenreiche und nicht lange darauf erkannten sie die Oberherrschaft der Franken an, wählten sich aber ihre eigenen Herzoge.

II.

Die Herzoge des alten Bayerns aus dem Geschlechte der Agilolfinger.

1. Garibald I. 554—595.
2. Thassilo I. 595—612.

---

[1]) Die Aeduer wohnten zwischen der Saone (Arar) und der Loire (Liger) in Gallien.

[2]) Der Nordgau (Nordgavius) erstreckte sich links der Donau von der Altmühl bis zum Böhmerwalde, zu den Quellen des Mains und der sächsischen Saale, und zerfiel wieder in kleinere Gaue.

3. Garibald II. 612—640.

4. Theodo (Diet) I. 640—680.

5. Theodo II. { 680—702 allein, dann
   702—717 gemeinschaftlich mit seinen Söhnen,
von denen

6. { Theodobald (Dietbald) 702—713,

7. { Theodobert (Dietbert) 702—724, und

8. { Grimoald (Grimbald) 702—725 regierte.

9. Hugibert 725—737.

10. Odilo (Utilo) 738—748.

11. Thassilo II. 748—788.

Garibald I. Nach der großen Völkerwanderung im 5. und 6. Jahrhundert n. Chr. Geb. bestand die ganze Bevölkerung des Bojerlandes aus sechs Stämmen oder großen Familien; sie hießen:

1. Agonen oder Agilolfinger, 2. Habilinga, 3. Fagana, 4. Throßa, 5. Aenniona und 6. Huosi. Doch waren die Agilolfinger unter allen die mächtigsten und angesehensten. Aus ihrer Mitte wurde denn auch Garibald I. als Herzog oder König (rex) von Bayern gewählt, während die übrigen Familien ihm rathend und helfend zur Seite standen. Unter der Regierung dieses Fürsten, welcher durch seine Gemahlin Vultrabe (Walrabe) sowohl mit dem merovingischen, als mit dem longobardischen Königsgeschlechte verwandt war, hatten die Bajuarier zu Grenznachbarn im Osten die Slaven (Avaren), im Westen die Franken (Alamannen), im Norden das unter fränkischer Hoheit stehende Herzogthum Thüringen und im Süden die Longobarden. Als König Garibald seine fromme christliche Tochter Dietlinde (Theodolinde) dem Longobardenkönige Authari verlobt hatte, so wurde er in den Krieg mit den Franken verwickelt. Seine Tochter, die nunmehrige Longobardenkönigin Dietlinde, welche die katholische Religion bei ihren Unterthanen verbreitete, ehrte besonders der Papst Gregor der Große durch Uebersendung der in der Folge berühmt gewordenen eisernen Krone.

Thassilo I. und seinen Sohn **Garibald II.** hatten mit den Slaven blutige Kriege zu führen. Der letztere besiegte sie bei Innichen [1]).

---

[1]) Etwas nordöstlich von Brixen, bei Brunnecken in Tyrol.

Unter Garibald II. erhielten auch die Bojoarier um das Jahr 628 durch den Frankenkönig Dagobert I. ein Gesetzbuch. Garibald's II. Sohn, Theodo I., suchte die christliche Religion überall in seinen Landen zu verbreiten. Besonders eifrig stand ihm hierin der hl. Bischof Emeram zur Seite. Dieser wurde später auf einen falschen Verdacht hin ermordet. Theodo's Residenz war Regensburg, eine schon damals bedeutende Stadt. Sein Sohn und Nachfolger:

Theodo II. und ein großer Theil vornehmer Bajuarier ließen sich vom hl. Rupert, welcher aus Schottland nach Bojoarien gekommen war, taufen. Dem hl. Rupert schenkte der Herzog das alte Juvavia, das spätere Salzburg, wo dieser ein Kloster und eine Kirche errichtete.

Theodo theilte 702 Bojoarien mit seinen drei Söhnen in der Weise, daß er zu Regensburg bis zu seinem Tode 717 residirte, während Theodobald Passau, Theodobert Botzen in Südtyrol und Grimoald Freising an der Isar als Residenzen erhielten. Nach dem Tode des Theodo II. und seiner Söhne Theodobald und Theodobert vereinigte Grimoald die Besitzungen seiner Brüder mit seinem Lande, ohne seinem Neffen Hugibert den ihm zufallenden Gebietsantheil einzuräumen. Im Jahre 717 kam der hl. Bischof Corbinian nach Bayern, und fand bei Grimoald in Freising gastliche Aufnahme; vom Papste Gregor II. zum Bischof geweiht, wirkte Carbinian hierauf in Bayern segensreich für die Ausbreitung des christlichen Glaubens, hatte aber um dessentwillen auch Vieles zu erdulden.

Nach dem Tode Grimoald's kam sein Neffe Hugibert, durch die Unterstützung des fränkischen Hausmeiers Karl Martell zur Regierung von Bayern. Unter ihm und seinem Sohne Odilo hatte sich der hl. Bischof Bonifacius um Bayern's religiösen und sittlichen Aufschwung ganz besonders verdient gemacht, und durch Gründung der vier Bisthümer Salzburg, Freising, Regensburg und Passau, sowie des Bisthums Eichstädt im Nordgau das Christenthum für immer in Bayern befestigt.

Odilo wurde gegen das Ende seiner Regierung von Karl Martell's Söhnen, Pipin dem Kleinen (Kurzen) und Karlmann, plötzlich mit Krieg überzogen und nach einer blutigen Schlacht am

Lech 743 gefangen. Zwar wurde er wieder aus der Haft entlassen, war aber jetzt in völlige Abhängigkeit von dem Frankenreiche gerathen. Sein Sohn

Thassilo II., welcher nach dem Tode Odilo's am fränkischen Hofe erzogen wurde, ward von dem fränkischen Könige Pipin, seinem Oheim, mit dem Herzogthume Bayern belehnt und mußte demselben ganz zu Gefallen leben. Das verdroß Thassilo II., als er älter geworden war und er befreite sich von der Dienstbarkeit gegen das Frankenreich bis zum Jahre 781. Da forderte Pipin's Sohn und Nachfolger, Karl der Große, von Neuem den Lehenseid von Thassilo II. Dieser schwor denselben dem neuen Frankenkönige mehrmals, ohne ihn jedoch zu halten, ja er verbündete sich sogar mit den Avaren gegen Karl den Großen. Jetzt sprach die Reichsversammlung zu Ingelheim 788 die Todesstrafe über ihn aus; Karl aber schenkte ihm das Leben. Thassilo II. mußte auf Bayern verzichten und in einem Kloster sein Leben beschließen. So ward Bayern eine fränkische Provinz.

Zweiter Abschnitt.

Das alte Bayern seit der Regierung der Karolinger bis zum Sturze der Welfen.

I.

Die Karolinger.

1. Karl der Große 788—814.
2. Ludwig I. der Fromme 814—825.
3. Ludwig II. der Deutsche 825—876.
4. Karlmann 876—880.
5. Ludwig III. 880—882.
6. Karl der Dicke 882—887.
7. Arnulf I. von Kärnthen 887—899.
8. Ludwig IV. das Kind 899—911.

Karl der Große ließ nach der Entsetzung Thassilo's II. sich zu Regensburg von den Bayern huldigen und theilte das Land in mehrere Gaue, und diese wieder in Grafschaften. Hierauf trieb er die von Thassilo II. herbeigerufenen **Avaren** bis hinter die Theiß und Raab zurück und verband das eroberte Land mit Bayern, so daß sich dieses vom Lech bis an die Theiß und die Drave erstreckte. Das neu hinzugekommene Land erhielt den Namen **O st m a r k** oder **Ostbayern** und ward durch eingewanderte Bayern bevölkert und durch eigens bestellte **M a r k g r a f e n** regiert. Sonst suchte Karl der Große Bayerns, wie Deutschlands Wohlfahrt durch treffliche Gesetze und Einrichtungen zu heben. Nach seinem Tode übertrug sein Nachfolger, der Kaiser

Ludwig I. der Fromme die Regierung Bayerns zuerst 814 seinem ältesten Sohne **Lothar**, und dann im Jahre 817 seinem jüngeren Sohne **Ludwig II.**, welcher aber erst seit 825 zu regieren anfing und als selbstständiger **König von Bayern** seinen Sitz zu Regensburg aufschlug. Ludwig II. ging aus den blutigen Kämpfen mit den **S l a v e n** und **B u l g a r e n** siegreich hervor. Durch den Vertrag von **V e r d u n** 843 erhielt er zu Bayern noch alles weitere Land diesseits des Rheins nebst den Sprengeln von Mainz, Worms und Speyer. Nach Ludwig II. Tode theilten seine drei Söhne Deutschland, wobei

Karlmann König von Bayern und Herr von **Kärnthen** (Carantania) wurde. Als dieser bald in seiner Pfalz zu Altötting am Inn starb, so folgte ihm sein Bruder, **Ludwig III.**, als bayerischer König; nach dessen Tode fiel das Königreich Bayern dem dritten Bruder, **Karl dem Dicken,** der bereits Schwaben beherrschte, zu. In Kärnthen regierte Karlmann's Sohn, **Arnulf.** Als nun Karl der Dicke wegen seiner Unthätigkeit auf dem Reichstage zu **T r i b u r** 887 als deutscher Kaiser abgesetzt wurde, so folgte ihm als Herrscher Deutschlands und Bayerns sein Neffe, der Herzog

Arnulf I. von Kärnthen. Dieser hatte besonders mit dem aufrührerischen Herzog **S w a t o p l u k** (Zwentibold) von Mähren und dessen Söhnen zu kämpfen, und rief gegen ihn die wilden **U n g a r n** (Magyaren) zu Hülfe. Die Kämpfe gegen die Mähren dauerten bis zum Tode Arnulfs mit wechselndem Erfolge fort. Mit einem Heere von Bayern und Franken schlug Arnulf auch die Nor=

mannen, welche bei Maſtricht an der Maas ein deutſches Heer aufgerieben hatten, bei Löwen an der Dhle 891. Nach ſeiner Rückkehr aus Rom, wo er die römiſch-deutſche Kaiſerkrone erhalten hatte, ſtarb er alsbald, und es folgte ihm im Königreich Bayern, ſowie in Deutſchland überhaupt ſein unmündiger Sohn,

Ludwig IV. das Kind, unter der Vormundſchaft des Erzbiſchofs Hatto von Mainz und des Herzogs Otto des Erlauchten von Sachſen. Dem Kriegsweſen ſtand der tapfere Markgraf von Oſtbayern, Luitpold der Schyre, der Stammvater des erlauchten Wittelsbacher Hauſes, vor. Die wilden Ungarn, welche Arnulf von Kärnthen gegen die Mähren herbeigerufen hatte, überflutheten gleich im Jahre 900 und den folgenden Bayern, wurden aber jedesmal ſiegreich von Luitpold zurückgebrängt. Als ſie im Jahre 907 wiederholt ihren Verheerungszug gegen Bayern unternahmen, da trat ihnen Luitpold der Schyre muthvoll entgegen, fiel aber nach einer breitägigen Schlacht mit ſeinem Heere. Die Ungarn zogen hierauf verwüſtend durch Thüringen, Sachſen und Alamannien, und im Jahre 910 bis nach Oſtfranken (Würzburg). Der unglückliche König von Bayern und Deutſchland, Ludwig, mußte ſich jetzt zur Entrichtung eines Tributs an die Ungarn verpflichten. Aus Gram ſtarb Ludwig im 18. Lebensjahre im Jahre 911.

II.

Regenten Bayerns aus dem Stamme Luitpold's des Schyren (Luitpoldinger.)

1. Arnulf II. 911—937.
2. Eberhard 937—938.
3. Berthold 938—948.

Arnulf II. Nach dem Tode Ludwigs IV. wählten die Sachſen, Thüringer und Franken den Rheinfranken Konrad I. zum deutſchen Könige. Die Bayern aber erhoben den Markgrafen von Oſtbayern, Arnulf II., den Sohn des gegen die Ungarn gefallenenen Luitpold des Schyren, zu ihrem Herzoge. Arnulf war ein kraftvoller und entſchloſſener Herrſcher. Als gleich im Anfange

seiner Regierung die Ungarn, denen Arnulf den Tribut verweigerte
hatte, in Bayern und Alamannien einfielen, so brachte er, von den
Alamannen oder Schwaben unterstützt, ihnen am Inn bei Passau
913 eine so furchtbare Niederlage bei, daß nur wenige dem Ver=
derben entrannen. Hierauf stellte Arnulf zum Schutze der Grenzen
Markgrafen an der Etsch, in Kärnthen und im Lande unter der
Enns auf. Von dem deutschen Könige Konrad I., dessen Oberherr=
schaft er nicht anerkennen wollte, in die Reichsacht erklärt, flüchtete
Arnulf später zu den Ungarn und kehrte 918 nach dem Tode
Konrads nach Bayern zurück. Doch alsbald gerieth der Bayern=
herzog in neuen Kampf mit dem folgenden deutschen Könige Hein=
rich I. von Sachsen, erkannte jedoch nicht lange darauf denselben
als seinen Oberherrn an, und regierte fast mit königlicher Macht
in Bayern. Dem Könige Heinrich I., sowie dessen großem Sohne
und Nachfolger, Otto I., hing er jetzt mit unwandelbarer Treue
an. Für Bayern sorgte Arnulf II. wahrhaft väterlich bis zu sei=
nem Tode 937.

Eberhard, Arnulfs ältester Sohn, übernahm die Regierung
Bayerns. Da er dem deutschen Könige, Otto I., den Lehenseid
verweigerte, so vertrieb Otto den Eberhard 938 aus Bayern und
übergab dieses dem **Bruder Arnulfs II.**, dem bisherigen Herzog
von Kärnthen,

Berthold, während er den Bruder des vertriebenen Eberhard,
Arnulf, den Ahnherrn der Wittelsbacher, zum Pfalzgrafen von
Scheyern einsetzte.

Herzog Berthold besiegte die Ungarn, welche von Neuem in
Bayern einfielen, auf der **Welser Haide**[1]) an der Traun 943
und in **Kärnthen** 944. Mit seinem Tode hörte das Haus Luit=
polds des Scheiren 232 Jahre auf, über Bayern zu regieren, bis
es unter dem Namen der Wittelsbacher im Jahre 1180 wiederum
zur Regierung kam und seitdem ununterbrochen über Bayern
herrscht.

---

[1]) Südöstlich von Passau, im Hausruckkreis des heut. Erzherzogthums
Oesterreich.

142

III.

Regenten Bayerns aus dem sächsischen Hause.

1. Heinrich I. 948—955.
2. Heinrich II. 956—976 zum ersten Male.
3. Otto I. 976—982.
4. Heinrich III. der Luitpoldinge 982—985.
5. Heinrich II. 985—995 zum zweiten Male.
6. Heinrich IV. (als deutscher Kaiser Heinrich II.) 995— 1004.

Heinrich I. Nach Bertholds Tode setzte der Kaiser Otto I. der Große nicht dessen Sohn Hezilo, sondern seinen eigenen Bruder Heinrich zum Herzog von Bayern ein. Unter Heinrich I. fielen die Ungarn verheerend in Bayern ein; doch wurden sie von Otto dem Großen auf dem Lechfelde bei Augsburg 955 so geschlagen, daß Bayern und Deutschland von ihren Einfällen verschont blieb. Kurze Zeit nach dieser Schlacht starb Heinrich I. und es folgte ihm sein Sohn Heinrich II. der Zänker. Weil dieser nach dem Tode seines Oheims, des Kaisers Otto des Großen, sich empört hatte, so verlieh Kaiser Otto II. das Herzogthum Bayern an den Herzog Otto I. von Schwaben. Nach dessen Tode wählten die Bayern den Pfalzgrafen Heinrich den Schyren zu ihrem Herzoge.

Im Jahre 985 erlangte Heinrich II. der Zänker Bayern wieder, und Heinrich III. begnügte sich mit der Markgrafschaft Kärnthen, welche nebst der Mark Verona 995 für immer von Bayern getrennt blieb.

Auf Heinrich den Zänker folgte sein Sohn **Heinrich IV. der Heilige**, ein ausgezeichneter Herrscher. Seine Regierung über Bayern war eine wahrhaft segensreiche; den Kaiser Otto III. begleitete er nach Italien und hielt Friede mit den Ungarn. Nach dem Hinscheiden Otto's III. ward Heinrich zum deutschen Kaiser erwählt, und trat als solcher überall im Reiche kraftvoll auf. Heinrich der Heilige verlieh 1004 das **Herzogthum Bayern** seinem Schwager Heinrich von Luxemburg.

IV.

Herzoge Bayerns aus dem luxemburgischen und salischen Hause.

1. Heinrich V. von Luxemburg 1004—1008.
2. Heinrich IV. zum zweiten Male von 1008—1017.
3. Heinrich V. von Luxemburg wieder 1017—1026.
4. Heinrich VI., als deutscher Kaiser Heinrich III. von 1027—1040.
5. Heinrich VII. von Luxemburg 1040—1047.
6. Heinrich VI. wieder 1047—1049.
7. Konrad I. von Zütphen [1]) 1049—1053.
8. Heinrich VIII. 1053—1056.
9. Agnes, die Wittwe des Kaisers Heinrich III. von 1056—1061.
10. Otto II., Graf von Norbheim 1061—1070.

Heinrich V. von Luxemburg (Lützelburg) mußte wegen Begünstigung der Flucht seines Bruders Abalbert, der sich gegen den Willen des deutschen Kaisers die erzbischöfliche Würde von Trier verschafft hatte, Bayern im Jahre 1008 an Kaiser Heinrich abtreten, erhielt es aber wieder von demselben 1017. Nach dem Tode des Herzogs Heinrich V. verlieh der neue deutsche Kaiser Konrad II., der Salier, seinem Sohne,

Heinrich VI., die herzogliche Würde von Bayern. Als dieser deutscher Kaiser wurde, so ernannte er den Luxemburger **Heinrich** VII. und nach dessen bald erfolgten Tode den Grafen Konrad I. von Zütphen, einen Urenkel des Kaisers Otto II., zum bayerischen Herzoge. Konrad wurde wegen eines Streites mit Bischof Gebhard von Regensburg im Jahre 1056 seiner Würde entsetzt und geächtet, während der Kaiser seinen unmündigen Sohn **Heinrich** VIII. (den nachmaligen Kaiser Heinrich IV.) zum Herzog Bayerns machte. Als Kaiser Heinrich III. gestorben und ihm sein Sohn, der bisherige bayerische Herzog als Kaiser Heinrich IV. in der Regierung Deutschlands gefolgt war, so übernahm die Kaiserin **Agnes**, die

---

1) Am rechten Ufer der Yssel in der jetzigen holländischen Provinz Geldern.

Mutter des jungen Heinrich IV., die Verwaltung Bayerns, über=
trug aber im Jahre 1061 die bayerische Herzogswürde dem Grafen
Otto II. von Nordheim [1]). Dieser ward im Jahre 1070 von
Verläumdern bei Kaiser Heinrich IV. verklagt, seiner Würde ent=
setzt und geächtet. Heinrich verlieh darauf Bayern dem Grafen
Welf von Altorf.

V.

Regenten Bayerns aus dem welfischen und babenbergischen Hause.

    1. Welf I. 1070—1101.
    2. Welf II. 1101—1120.
    3. Heinrich IX., der Schwarze 1120—1126.
    4. Heinrich X., der Stolze 1126—1139.
Die Babenberger
    5. ⎰ Leopold I. von Oesterreich 1139—1141.
    6. ⎱ Heinrich XI. Jasomirgott 1141—1156.
    7. Heinrich XII. der Löwe 1156—1179.

Welf I. regierte Bayern in einer sturmvollen Zeit; es war
der Kampf zwischen Papst Gregor VII. und Kaiser Heinrich IV.
ausgebrochen. Welf stand lange Zeit auf der Seite des Papstes.
Später unternahm er mit den Kreuzfahrern 1096 den Zug nach
Palästina, und starb auf seiner Rückkehr in Paphos auf der Insel
Cypern. Ihm folgte nach und nach sein Sohn Welf II. und sein
Enkel Heinrich IX. der Schwarze in dem Herzogthum Bayern.
Der Sohn und Nachfolger des letzteren war

Heinrich X. der Stolze, der Schwiegersohn des deutschen Kai=
sers Lothar III. von Sachsen, der damals mächtigste Fürst in
Deutschland. Denn nicht nur besaß er Bayern, sondern wurde
auch durch Lothar mit der Burggrafschaft Nürnberg und dem
Herzogthum Sachsen belehnt. Für Bayern wirkte Heinrich der
Stolze ungemein segensreich; er stiftete Ruhe und Ordnung überall,
erbaute viele Klöster, sowie die Donaubrücke in Regensburg. Als

---

[1]) An der Ruhme, zwischen Hildesheim und Göttingen im heutigen König=
reich Hannover.

jedoch nach dem Tode seines Schwiegervaters Lothar III. die deut=
schen Fürsten den Staufer Konrad, Herzog von Franken, zum
deutschen Könige erwählten, so ward Heinrich der Stolze, da er
eines seiner Herzogthümer nicht herausgeben wollte, durch Kaiser
Konrad III. geächtet und seiner beiden Herzogthümer beraubt.
Sachsen erhielt Albrecht der Bär, der später Markgraf von
Brandenburg wurde, Bayern aber Markgraf Leopold IV. von
Oesterreich oder Ostbayern. Leopold von Oesterreich, der
Sohn des hl. Leopold von Oesterreich, konnte jedoch Bayern nie
recht behaupten. Ihm folgte sein Bruder

Heinrich XI. Jasomirgott. Dieser wurde im Jahre 1146
von dem durch die Partei der Welfen herbeigerufenen Ungarnkönig
Geysa an der Leitha gänzlich geschlagen. Später machte er den
unglücklich endenden zweiten Kreuzzug unter Kaiser Konrad III.
mit. Als Friedrich I. Barbarossa, der Neffe Konrads III., den
deutschen Thron bestiegen hatte, so übertrug er 1156 dem Welfen
Heinrich XII., dem Löwen, dem Sohn des unglücklichen Heinrich
des Stolzen, die Herzogthümer Sachsen und Bayern, trennte aber
von letzterem die Ostmark oder Ostbayern. Dieses Land erhob er
zum Herzogthum Oesterreich und und verlieh es dem bisherigen
Bayernherzog **Heinrich XI. Jasomirgott.**

Heinrich XII. der Löwe war ein kraftvoller und umsichtiger
Herrscher, erhielt Ruhe und Frieden im Lande, sorgte für dessen
Wohlfahrt und legte 1158 den Grund zur Stadt München. Den
Kaiser Friedrich Barbarossa begleitete er auf mehreren Zügen nach
Italien. Zuletzt jedoch fiel er bei dem Kaiser in Ungnade, weil
er bei dessen fünften Zuge nach Italien im entscheidenden Augen=
blicke ihm die Hülfe versagt hatte. Heinrich der Löwe ward 1180
geächtet und der Kaiser verlieh das östliche Sachsen dem Bernhard
von Ascanien, einem Sohne Albrechts des Bären, und Bayern gab
er als erbliches Herzogthum dem Pfalzgrafen **Otto von Wit=
telsbach,** dem Stammvater des bayerischen Königs=
hauses.

Dritter Abschnitt.

Kurzer Ueberblick der ältesten Geschichte der übrigen Bestandtheile des heutigen Königreiches Bayern bis zum Untergange des staufischen Hauses.

I.

Franken.

Das Land zwischen der Donau, dem Main und der Elbe bewohnten in den ältesten Zeiten die Hermunduren. Um die Mitte des fünften Jahrhunderts erscheinen in diesen Gegenden die Thüringer, die sich bis zu den Quellen des Mains und der Donau ausbreiteten. Die Söhne und Nachfolger des Frankenkönigs Chlodwig I. eroberten 531 den südlichen Theil des Thüringischen Landes bis zur Unstrut und schlugen es zum Frankenreiche. Der Frankenkönig Dagobert I. bestellte im Jahre 630 den Thüringer Radulf zum Herzog von Ostfranken oder Thüringen mit dem Sitze zu Würzburg.

Einer der Nachkommen Radulfs war der Herzog Gozbert, unter welchem der hl. Kilian für die Ausbreitung des Christenthums in Thüringen wirkte. Die rachsüchtige Gemahlin Gozberts, Geilana, ließ den hl. Bischof mit seinen beiden Genossen im Jahre 689 ermorden. Mit Hetan II. hörten die Thüringischen Herzoge auf, und der Name Thüringen verschwand für jenes Gebiet; es hieß von nun an Ostfranken (Francia Orientalis), im Gegensatze zu Westfranken oder Rheinfranken (Francia Occidentalis), und ward, wie dieses, unmittelbar von den fränkischen Königen regiert.

Im Jahre 741 gründete der hl. Bonifacius das Bisthum Würzburg und weihte zum ersten Bischof desselben den heiligen Burkardus.

Unter den Karolingern wurde Ostfranken durch königliche Kammerboten (nuntii camerae) verwaltet. Unter Ludwig IV.

dem Kinde war Konrad von Fritzlar[1]) Sendgraf von Rhein= und Ostfranken, und nach seiner Erhebung zum deut= schen König verwaltete sein Bruder Eberhard Rheinfranken und war Herzog der Franken. In den folgenden Jahrhunderten sind die Grenzen des Herzogthums Ostfranken oder Franconien ver= schieden, und an der Spitze derselben standen bald von den Kaisern eingesetzte Markgrafen, bald Herzoge. Zuletzt hatten Glieder des Staufer Hauses bis zu seinem Erlöschen Ostfranken unter dem Namen einer kaiserlichen Landvogtei mit dem Sitze zu Rothenburg[2]) ob der Tauber. Die Bischöfe von Würz= burg waren schon früh mächtig und nannten sich Herzoge von Franken.

Bamberg wurde 1007 von Kaiser Heinrich II. dem Heiligen zu einem eigenen Bisthum erhoben; Nürnberg war seit dem 12. Jahrhundert eine Burggrafschaft.

II.

Schwaben oder Alamannien.

Die Alamannen bewohnten um die Mitte des 5. Jahrhun= derts die Gegenden zwischen dem Lech und der Vogesen auf dem linken Rheinufer einerseits, und zwischen den Schweizer Alpen und dem Maine andererseits. Bekanntlich hat der erste Frankenkönig Chlodwig I. die Alamannen bei Zülpich 496 besiegt, und ihr ganzes Gebiet auf dem linken Rheinufer, sowie einen Theil des= selben auf dem rechten Rheinufer seiner Herrschaft unterworfen. Derjenige Theil Alamanniens, welcher zwischen der Iller und dem Lech lag, das eigentliche Schwaben, kam gleichfalls um die Mitte des 6. Jahrhunderts unter die fränkische Botmäßigkeit, hatte jedoch eigene Herzoge. Im 7. Jahrhundert wirkten in Alamannien zur Verbreitung des christlichen Glaubens der hl. Gallus, und der hl. Magnus, sowie im 8. der hl. Pirminius.

---

[1]) Die Stadt Fritzlar liegt an der Eder, in der heutigen kurhessischen Pro= vinz Niederhessen.

[2]) In der jetzigen bayerischen Provinz Mittelfranken, nordwestlich von Ansbach.

Unter den Karolingern ward Alamannien durch königliche Kammerboten, gerade wie Ostfranken, regiert. Zwei derselben, Erchanger und Berthold, halfen dem Luitpoldingen Arnulf II. den Sieg über die Ungarn am Inn 913 erringen. Unter König Konrad I. dem Rheinfranken erhielt Graf Burkart 917 das Herzogthum Schwaben und es regierten in der Folgezeit Herzoge aus verschiedenen Häusern über dasselbe.

Kaiser Heinrich IV. verlieh das Herzogthum Schwaben dem Grafen Friedrich von Staufen, und es blieb von nun an bei dem Geschlechte der Staufer und erlosch mit demselben.

III.
Die Rheinpfalz bis zu ihrer Vereinigung mit dem Herzogthume Bayern.

Zur Zeit des Julius Cäsar, als der Rhein die Grenze zwischen Deutschland und Gallien war, überschritten deutsche Völkerschaften, wie die Tribocker, Nemeter und Vangionen, diesen Strom, vertrieben die Gallier aus der heutigen Rheinpfalz und dem Elsaß, und siedelten sich dort an. Bald aber kamen sie unter römische Herrschaft, und ihre Namen verschwanden in den ersten Jahrhunderten nach Christi Geburt. Es traten diesseits und jenseits des Rheins die mächtigen Alamannen mit eigenen Königen auf; aber auch sie mußten sich den gegen Osten vorrückenden Franken in Folge der Schlacht von Zülpich 496 unterwerfen.

Unter den Karolingern und andern deutschen Herrschern war der Strich Landes, der um den Neckar und zu beiden Seiten des Rheines bis an die Mosel sich erstreckt, zur Pfalzgrafschaft erhoben worden, und die Pfalzgrafen am Rhein standen in besonderem Ansehen. Kaiser Friedrich Barbarossa verlieh die rheinische Pfalzgrafschaft seinem Bruder Konrad von Staufen, welcher das Schloß Heidelberg erbaute. Diesem folgte in der Pfalz sein Schwiegersohn, der Welfe Heinrich von Braunschweig, der Sohn Heinrichs des Löwen, den aber der Staufer Kaiser Friedrich II. ächtete, und die Pfalzgrafschaft am Rhein dem Wittelsbacher Ludwig I., Herzog von Bayern, 1215 übertrug. Seit dieser Zeit blieb die Pfalz bei dem Hause Wittelsbach.

Das von der Rheinpfalz umschlossene Bisthum Speyer fällt in die ersten christlichen Jahrhunderte. Das Speyerer Hochstift wuchs insbesondere unter den sächsischen und salischen Kaisern. Kaiser Konrad II. der Salier, der auch den Namen des „Speyerers" führt, erbaute den Dom zu Speyer und bestimmte ihn für sich und seine Nachfolger, wenn die letzteren nicht anders verfügten, als letzte Ruhestätte [1]). Daher hieß auch Speyer in der Folge „die Todtenstadt des hl. römischen Reiches." Die Speyerer Bischöfe, deren Gebiet diesseits und jenseits des Rheines lag, wurden bald gefürstet, und genossen hoher Auszeichnung bei deutschen Kaisern und Reichsständen.

Vierter Abschnitt.

Bayern unter den Wittelsbachern bis zum Jahre 1806.

I.

Die Wittelsbacher bis zum Tode des Kaisers Ludwig V. des Bayern.

1. Otto I. der Große 1180—1183.
2. Ludwig I. der Kehlheimer 1183—1231.
2. Otto II. der Erlauchte 1231—1253.

Seine beiden Söhne Ludwig II. der Strenge und Heinrich (I.) XIII. gemeinschaftlich 1253—1255.

Dann regierte allein

in Oberbayern und in der Rheinpfalz Ludwig II. der Strenge 1255—1294.

in Niederbayern Heinrich (I.) XIII. 1255—1290.

---

[1]) Im Speyerer Dom liegen begraben die 8 Kaiser: Konrad II., Heinrich III., Heinrich IV. und Heinrich V., dann Philipp von Schwaben, Rudolf I. von Habsburg, Adolf von Nassau und Albrecht I. von Oesterreich.

Rudolf I. 1294—1317.
Ludwig IV. der Bayer 1303—
1347.

Nach seines und seiner Söhne und Enkel[1] Tod fällt das Land wieder 1341 an Ludwig den Bayern.

Otto I. der Große, bisheriger Pfalzgraf von Wittelsbach, war der Nachkomme des tapfern Luitpold des Schyren und des Herzogs Arnulf II. von Bayern. Als Friedrich I. Barbarossa bei seiner ersten Heimkehr aus Italien 1155 durch Alberich's Nachstellungen in der Veroneser (Berner) Klause in große Gefahr gerieth, da rettete Pfalzgraf Otto von Wittelsbach, des Reiches Bannerträger, durch seine Kühnheit den Kaiser und das Heer. Zum Dank für diese Heldenthat belehnte ihn später 1180 Friedrich I. Barbarossa mit dem Herzogthum Bayern. Doch hatte dieses nicht mehr den ehemaligen Umfang. So wurde für Steiermark ein eigener Herzog aufgestellt und in das Gebiet von Tyrol theilten sich mehrere Herren. Leider starb der für Bayern väterlich besorgte Otto schon im Jahre 1183 und ward im Kloster Scheyern begraben. Unter seinem Sohne und Nachfolger

Ludwig I. dem Kehlheimer ermordete dessen Neffe, Pfalzgraf Otto von Wittelsbach, wegen eines falschen Verdachts den staufischen Kaiser Philipp von Schwaben 1208 zu Bamberg. Der Mörder wurde geächtet und von Heinrich von Pappenheim erschlagen.

Ludwig der Kehlheimer vergrößerte sein Herzogthum durch mehrere ihm zugefallenen Güter. Besonders wichtig ist, daß er von dem Kaiser Friedrich II. mit der Pfalzgrafschaft am Rhein oder der Rheinpfalz 1215 belehnt wurde; jedoch konnte er nicht gleich in den Besitz derselben gelangen. Unter Ludwig wurden mehrere Städte, wie Straubing, erbaut. Im Jahre 1231 verlor er auf der Donaubrücke zu Kehlheim durch einen Meuchelmörder das Leben. Sein Sohn

Otto II. der Erlauchte, mit Agnes, der Tochter Heinrichs, des letzten Pfalzgrafen am Rhein, vermählt, vereinigte die Rhein-

---

[1] Heinrichs Söhne waren: 1. Otto III., † 1312. 2. Ludwig III. † 1297. 3. Stephan I., † 1310. Seine Enkel: Heinrich der Natternberger, † 1333. Heinrich der Aeltere, † 1339. Otto I., † 1315. Sein Urenkel Johann, † 1340.

pfalz 1228 als Lehen und Erbe mit dem Herzogthum Bayern, und erwarb seinem Hause die Herrschaft über Valley[1]), Hohen= bogen[2]), Andechs[3]) und Dieffen[4]). Seine beiden Söhne

Ludwig II. der Strenge und Heinrich XIII. regierten nach seinem Tode zwei Jahre gemeinschaftlich, theilten aber 1255 das väterliche Erbe in der Weise, daß Ludwig II. Oberbayern und die Rheinpfalz mit den Residenzen zu Heidelberg und München, Heinrich XIII. dagegen Niederbayern mit der Residenz Landshut erhielt.

Ludwig II. der Strenge, von Jähzorn und falschem Argwohn verleitet, ließ seine Gemahlin Maria von Brabant, nachdem er selbst mehrere ihrer Diener und Dienerinnen mit eigener Hand erstochen, hinrichten. Später suchte er, von der Sittenreinheit sei= ner Gemahlin überzeugt, die Blutschuld durch viele Bußwerke zu sühnen, und erbaute deßhalb das Kloster Fürstenfeld bei München.

Ludwig der Strenge, der Oheim des unglücklichen Konradin, des letzten Staufers[5]), ward nebst seinem Bruder, Heinrich XIII., von Konradin zum Erben der staufischen Besitzungen in Schwaben (zwischen der Wertach, der Donau und den Alpen) und in der heutigen Oberpfalz eingesetzt. Das Gebiet der Rheinpfalz ver= größerte er durch mehrere Erwerbungen.

Ludwig hing dem Kaiser Rudolf I. von Habsburg, dessen Tochter Mathilde seine zweite Gemahlin war, treu ergeben an. Er starb 1294 und hinterließ sein Land Oberbayern mit der Rhein= pfalz seinen Söhnen

Rudolf I. und Ludwig IV. Anfangs regierte Rudolf I. allein, später aber mußte er seinem Bruder Ludwig an der Herrschaft Theil nehmen lassen. Mathilde, die Mutter der beiden Brüder, be= wies sich in dieser Zeit als wahre Landesmutter.

Als Ludwig IV. zum Vormünder seines Vetters in Nieder= bayern von dessen Vater ernannt wurde, so wollte dies der nieder=

---

1) Südöstlich von München.
2) Nordöstlich von Straubing.
3) Am östlichen Ufer des Ammersees.
4) Am südwestlichen Ufer des Ammersees.
5) Siehe oben S. 62.

bayerische Abel nicht dulden und schloß mit Friedrich dem
Schönen von Oesterreich ein Bündniß; aber Ludwig der
Bayer besiegte das niederbayerisch-österreichische Heer bei Gammels=
dorf[1]) 1313.

Nach dem Tode Heinrichs VII. von Luxemburg zum
deutschen Kaiser erwählt, hatte Ludwig einen langen und schweren Kampf
mit seinem gleichfalls nach der Kaiserkrone strebenden Vetter Fried=
rich dem Schönen zu führen, bis letzterer in der Schlacht bei
Mühldorf und Ampfing 1322 durch den tapferen Feldhaupt=
mann Schweppermann von Nürnberg besiegt und gefangen
wurde. Friedrich dem Schönen gab Kaiser Ludwig großmüthig
später die Freiheit wieder, und beide waren nun die innigsten
Freunde. Als Ludwig, der in Rom 1328 die Kaiserkrone empfan=
gen hatte, auf seinem Rückzuge in Pavia weilte, so errichtete er,
da sein Bruder Rudolf I. mit Hinterlassung zweier Söhne bereits
gestorben war, den berühmten Hausvertrag von Pavia
1329, wodurch die Rheinpfalz und der nördliche Theil Ober=
bayerns oder die Oberpfalz den Söhnen Rudolfs I., nämlich
Rudolf I. und Ruprecht, zugesprochen wurde, dagegen den
übrigen Theil Oberbayerns Ludwig der Bayer für sich und
seine Nachkommen behielt. Bei dem Aussterben der einen Linie
sollte die andere Erbin des ganzen bayerischen Besitz=
thums werden.

Ludwig war besonders glücklich in der Erwerbung einer be=
deutenden Hausmacht. Niederbayern fiel ihm 1341 nach dem
Aussterben der dortigen Linie zu; außerdem brachte er auf kurze
Zeit die erledigten Reichslehen Brandenburg, Tyrol, Hol=
land, Seeland, Friesland und Utrecht an das wittels=
bachische Haus.

Der Kaiser war ungemein thätig in der Hebung seines Bayern=
landes, sorgte für geordnete Rechtspflege, für den innern Frieden,
für Landbau, Handel und Gewerbe.

Auf dem Wege von München nach Fürstenfeld traf ihn eines
Tages 1347 bei einem Ritt zur Jagd der Schlag. In der Lieb=

---

[1]) Westlich von Landshut im heutigen Oberbayern.

frauenkirche zu München setzte ihm später Kurfürst Max I. ein Denkmal.

II.

Die Wittelsbacher im Herzogthum Bayern bis zur Regierung Albrechts IV. des Weisen.

Die sechs Söhne des Kaisers Ludwig, nämlich: Ludwig der Brandenburger, Stephan mit der Hafte[1]), Ludwig der Römer, Wilhelm, Albert und Otto theilten gegen den Rath ihres Vaters das Land nach zweijähriger gemeinschaftlicher Regierung, so daß Ludwig, der bereits die Mark Brandenburg hatte, Ludwig der Römer und Otto Oberbayern, dagegen Stephan II. mit der Hafte, Wilhelm I. und Albrecht I. Niederbayern mit den niederländischen Provinzen erhielten. Zuletzt aber hatte durch Beerbung der übrigen Stephan II. mit der Hafte Oberbayern und Bayern-Landshut, und Albrecht Bayern-Straubing nebst der Niederlande. Nach und nach ging Tyrol 1369, Brandenburg 1372, und die niederländischen Provinzen 1433 für Bayern verloren.

Stephans II. Söhne stifteten 1392 drei Linien: 1) Ingolstadt 1392—1447; 2) Landshut 1392—1505 und 3) München 1392—1777.

Nach dem Aussterben der Söhne Albrechts I. 1425 wurde Bayern-Straubing unter Stephans II. Nachkommen getheilt, und 1447 fällt die Linie Ingolstadt an die Linie München.

A. **Ludwig der Reiche** und **Georg der Reiche**, die letzten Regenten der Linie Landshut, waren beide bemüht, ihr Gut zu vermehren und das Glück ihrer Unterthanen auf jede Weise zu befördern. Vor Allem wollte Ludwig der Reiche seinem Volke der

---

[1]) Dieser bekam seinen Beinamen von den vielen Haften und Spangen, welche er an seinen Kleidern trug.

[2]) Der Stifter der Münchener Linie war Stephans II. Sohn Johann 1392—1397; ihm folgten seine Söhne: Ernst 1397—1438 und Wilhelm 1397—1435; dann des Ernst Sohn Albrecht III. der Fromme 1438—1460, und auf diesen folgte sein Sohn Albrecht IV. der Weise 1460—1508.

Begründer einer höhern geistigen Bildung und Gesittung werden; deßhalb errichtete er zu Ingolstadt 1472 eine Universität. Sein Sohn Georg der Reiche, der mit Hedwig, einer polnischen Prinzessin, vermählt war, verwaltete mit Klugheit und Umsicht seine Länder. Weil er gegen die bestehenden Verträge sein Land auf seinen Schwiegersohn Ruprecht von der Pfalz durch ein Testament vererben wollte, so brach nach seinem Tode 1503 der Landshuter Erbfolgekrieg aus, der erst 1505 sein Ende erreichte. Kaiser Maximilian I. sprach der Linie München (Albrecht IV. dem Weisen) den Besitz von Bayern-Landshut zu, dagegen mußte den Söhnen des verstorbenen Pfalzgrafen Ruprecht ein Theil Niederbayerns zwischen der Naab und der Donau mit den Städten Neuburg und Sulzbach eingeräumt werden, welches Gebiet von nun an die junge Pfalz oder das Herzogthum Neuburg hieß und mit der Kurpfalz vereinigt wurde.

B. **Albrecht III. der Fromme** von der Linie München hatte sich, bevor er zur Regierung gelangte, ohne Wissen und Willen seines Vaters, des Herzogs Ernst von München, mit der tugendhaften Agnes Bernauer, einer Augsburger Bürgerstochter, vermählt. Als sein Vater hievon Kunde erhielt, so ließ er in Abwesenheit seines Sohnes die unglückliche Agnes in Straubing, wo sie das Schloß bewohnte, gefangen nehmen, sie zum Tode verurtheilen und in die Donau werfen. Der Schmerz über den schrecklichen Tod seiner Gemahlin brachte Albrecht fast zur Verzweiflung. Doch söhnte er sich später mit seinem Vater aus, der seinen Fehltritt bitter bereute.

Als Albrecht der Fromme die Regierung antrat, lehnte er die Annahme der von den Böhmen ihm dargebotenen Königskrone aus hohem Gerechtigkeitssinn ab, da noch der unmündige Ladislaus, der Sohn des verstorbenen Böhmenkönigs, vorhanden war. „Man muß Waisen schützen, nicht berauben", sprach er in dieser Hinsicht zu den böhmischen Abgesandten. Albrecht der Fromme war ein ausgezeichneter Fürst in jeder Hinsicht, nur bedacht auf das geistige wie leibliche Wohl seiner Unterthanen. Er legte auch den Grund zum Erstgeburtsrecht in der Regierungsnachfolge, indem er verordnete, daß nur die zwei ältesten Prinzen, mit Ausschluß der übrigen, Bayern gemeinschaftlich regieren sollten. Bei seinem Tode hinterließ Albrecht der Fromme fünf Söhne, von denen sich

Albrecht IV. der Weise um Bayern ein besonderes Verdienst erwarb, daß er nach dem Tode zweier seiner Brüder und nach der Verzichtleistung der beiden andern im Jahre 1506 eine sogenannte pragmatische Sanktion erließ, derzufolge nur der erstgeborne Prinz Bayern erben solle, und Bayern überhaupt nicht getheilt werden dürfe. Albert der Weise vereinigte 1505 nach Beendigung des Landshuter Erbfolgekrieges, wie oben erwähnt wurde, das Gebiet von Bayern=Landshut, die junge Pfalz ausgenommen, mit seinem Lande.

III.

Die Wittelsbacher in der Pfalzgraffschaft am Rhein nach dem Tode Ludwigs II. des Strengen bis zur Wiedervereinigung der Pfalz mit Bayern.

1. Rudolf I. (Bruder Ludwigs des Bayern) 1294 † 1319.
2. Adolf, sein Sohn 1319—1327.
3. Rudolf II. und Ruprecht I. (Söhne Rudolfs I.) und Ruprecht II. (Enkel Rudolfs I.) gemeinschaftlich 1329— 1338.
4. Rudolf II. in der Rheinpfalz 1338—1353.
5. Ruprecht I. und Ruprecht II. in der Oberpfalz gemeinschaftlich 1338—1390, und auch in der Rheinpfalz von 1353—1390.
6. Ruprecht II. (nach dem Tode seiner Vetter) allein von 1390—1398.
7. Ruprecht III. der Gütige (deutscher Kaiser) 1398—1410.

Ruprechts III. Söhne theilten 1410 die Rheinpfalz und Oberpfalz unter sich und es entstanden zuerst vier, dann fünf Linien, und zwar:

1. Die Kurpfälzer oder Heidelberger Linie;
2. Die Linie Oberpfalz mit Neumarkt[1]);

---

[1]) Die Stadt Neumarkt zwischen Nürnberg und Regensburg, in der Oberpfalz.

3. Die Mosbacher[1]) Linie; –

4. Die Linie Simmern[2])=Zweibrücken[3]), die sich wieder theilte

   a) in die Linie Simmern,

   b) in die Linie Zweibrücken.

      α) Im Jahre 1448 fiel die Oberpfalz und Neumarkt an die Linie Mosbach.

      β) Nach dem Aussterben der Mosbacher Linie erbt 1499 die Heidelberger Linie Oberpfalz und Mosbach.

      γ) Nach dem Erlöschen der Heidelberger Linie fallen 1559 die Kurpfalz mit der Oberpfalz und Mosbach der Linie Simmern zu.

      δ) Die Linie Simmern stirbt 1685 aus.

Die Linie Zweibrücken zerfällt im Jahre 1569 in drei Linien:

1. Neuburg, welche sich 1604 in Neuburg und Sulzbach[4]) theilte.

2. Zweibrücken.

3. Birkenfeld[5]), welche sich 1600 in Birkenfeld und Bischweiler[6]) theilte, aber seit 1671 als Linie Birkenfeld=Bischweiler blühte.

   a) Die Linie Neuburg, welche die Herzogthümer Jülich und Berg erworben hatte, folgt 1685 auch der Linie Simmern in deren Ländern.

   b) In den Ländern der Linie Neuburg folgt nach deren Erlöschen 1742 die Linie Sulzbach in der Person Karl Theodors von Sulzbach, welcher Kurfürst wird und 1777 nach dem Aussterben der Münchener Linie Bayern erbt, und so die durch den Hausvertrag von Pavia getrennte Pfalz mit Bayern wieder vereinigt.

---

[1]) Südöstlich von Heidelberg, im heutigen Großherzogthum Baden.

[2]) Die Stadt Simmern, westlich von Bingen am Rhein, in der heutigen preußischen Rheinprovinz.

[3]) Im westlichen Theile der heutigen bayerischen Rheinpfalz.

[4]) Oestlich von Nürnberg, in der heutigen Oberpfalz.

[5]) Südöstl. von Trier, jetzt zum Großherzogthum Oldenburg gehörig.

[6]) Nördlich von Straßburg, im Elsaß.

c) Die Linie Zweibrücken erlischt 1731, und Zweibrücken fällt an die vereinigte Linie Birkenfeld-Bischweiler.

d) Als die Sulzbacher Linie mit Kurfürst Karl Theodor 1799 ausstirbt, so erbt die Linie Zweibrücken-Birkenfeld-Bischweiler in der Person Maximilian Josephs die Kurpfalz und das Kurfüstenthum Bayern.

Ruprecht I., Kurfürst von der Pfalz, stiftete 1386 die Heidelberger Universität.

Ruprecht II., Pfalzgraf bei Rhein und Kurfürst, besiegte das Heer der rheinischen Städte bei Worms. Er errichtete auch 1395 das unter dem Namen der Rupertinischen Verordnung bekannte Hausgesetz, wodurch alle Theilung der obern und untern Pfalz (Rheinpfalz) verboten, und der Besitz derselben dem Erstgeborenen des Hauses zuerkannt wurde. Doch trat dieses Gesetz nicht in Wirksamkeit. Sein Sohn und Nachfolger, Kurfürst **Ruprecht** III. der Gütige, der nähere Stammvater des regierenden königlichen Hauses in Bayern, ward, nach Absetzung des Luxemburgers Wenzel, zum deutschen Kaiser 1400 erwählt, und hatte den redlichen Willen, Ruhe und Ordnung im deutschen Reiche herzustellen, ohne dieses Ziel wegen der vielen Hindernisse zu erreichen. Die Macht seines Hauses vermehrte er durch den Erwerb mehrerer Besitzungen. Nach seinem Tode entstanden die oben angegebenen verschiedenen Linien seines Hauses. Unter den andern pfälzischen Regenten soll hier noch erwähnt werden

Kurfürst Friedrich V. von der Linie Simmern 1610—1632. Derselbe, dem calvinischen Glauben zugethan, war mit Elisabeth, der Tochter des englischen Königs Jakob I., vermählt. Als die Böhmen den Kaiser Ferdinand II. nicht zu ihrem Könige haben wollten, so nahm Friedrich V. die von jenen ihm dargebotene böhmische Königswürde an und ließ sich zu Prag als Böhmenkönig krönen. Da zog sein Vetter Herzog Maximilian I., das Haupt der katholischen Liga, ihm nach Prag entgegen, und schlug sein Heer am weißen Berge 1620. Der unglückliche Friedrich entfloh, verlor seine Länder und die Kurwürde. Herzog Max I. von

Bayern wurde Kurfürst und erhielt die Oberpfalz. Friedrich starb 1632 zu Mainz. Sein Sohn **Karl Ludwig** erhielt zwar im westphälischen Frieden 1648 die Rheinpfalz wieder, ebenso ward ihm auch die neugestiftete achte Kurwürde verliehen, aber die Oberpfalz blieb mit dem Kurfürstenthum Bayern vereinigt. Karl Ludwig starb 1680 und mit seinem Sohne **Karl** erlosch 1685 die Linie Simmern. Da seine Schwester mit dem Herzog Philipp von Orleans, dem Bruder des französischen Königs Ludwig XIV., vermählt war, so erhob Ludwig XIV. Erbansprüche auf die Pfalz für seinen Bruder, und begann einen die Pfälzischen Lande verwüstenden Krieg[1]). Im Jahre 1697 kam erst der Friede zu Stande, und **Johann Wilhelm** von der Linie Neuburg, der rechtmäßige Herr der Pfalz, kam in den Besitz derselben.

Mit Johann Wilhelms Bruder **Karl Philipp** erlosch 1742 die Neuburger Linie der Wittelsbacher und es folgte ihm als Kurfürst der Pfalz, sowie als Herzog von Jülich und Berg

Karl Theodor von der Sulzbacher Linie, wie oben erwähnt wurde. Von Karl Theodor wird weiter unten die Rede sein.

IV.

Die auf Albrecht den Weisen folgenden Herzoge Bayerns bis zur Regierung des Kurfürsten Maximilian I.

1. Wilhelm IV. der Standhafte 1508—1550.
2. Albrecht V. der Großmüthige 1550—1579.
3. Wilhelm V. der Fromme 1579—1598.
4. Maximilian I., des Vorigen Sohn 1598—1651.

Während der Regierung **Wilhelms IV. des Standhaften** wurde die große Glaubensspaltung durch Martin Luther hervorgerufen. Wilhelm regierte mit Weisheit und Milde, und war aus allen Kräften bestrebt, seinem Lande den katholischen Glauben zu erhalten. Während der **Bauernkrieg** in Schwaben, Franken und am Rhein zum Ausbruch kam, wußte Herzog Wilhelm die Gefahren desselben soviel als möglich von Bayern abzuwenden.

Unter ihm schrieb **Johann Thurnmayer** von Abensberg[2]), daher **Aventin** genannt, seine **bayerische Geschichte**.

---

1) Siehe oben S. 104.
2) Im Kreise Niederbayern, zwischen Freising und Kelheim.

Albrecht V. der **Großmüthige** war ein Beförderer der Künste und Wissenschaften [1]), und ein der katholischen Religion treu ergebener Herrscher. Unter ihm fand der **Passauer Vertrag** 1552 und der **Augsburger Religionsfriede** 1555 statt. Ihm folgte sein Sohn

Wilhelm V. der Fromme, wegen seiner tiefen Religiosität und seiner Mildthätigkeit so genannt; er that Gutes seinem Volke, wo und wie er nur immer konnte, und führte auch den **gregorianischen Kalender** 1582 in seinem Lande ein. Wilhelm zog sich im Jahre 1598 ins Privatleben zurück und übertrug die Regierung seinem Sohne

Maximilian I. Dieser große Fürst, welcher den bayerischen Thron unter sehr schwierigen Verhältnissen bestieg, war vor Allem besorgt, die Schuldenlast des Landes zu vermindern, regelte die Steuern und Einkünfte, sorgte für strengere Handhabung der Gerechtigkeit durch ein **Gesetzbuch** 1627, und hob durch Anlegen von Landstraßen den Verkehr außerordentlich. Da er den katholischen Glauben selbst über Alles hochhielt, so suchte er denselben überall in seinem Lande auszubreiten, zu schirmen und zu befestigen. Das Land schützte er nach Außen durch ein wohlgeübtes Heer und durch Befestigung von Städten. Als die protestantischen Fürsten zum gegenseitigen Schutze einen Bund, die **Union**, schlossen, deren Haupt Kurfürst **Friedrich** IV. von der Pfalz war, so stellte Herzog Maximilian der Union die **katholische Liga** gegenüber, welche von den katholischen Fürsten Deutschlands gebildet wurde. Beim Ausbruch des dreißigjährigen Krieges, als der Pfälzer Kurfürst **Friedrich V.** sich in Prag zum Böhmenkönig hatte krönen lassen, zog Maximilian mit seinem Feldherrn **Tilly** nach Böhmen und errang am weißen Berge 1620 den Sieg, wodurch Böhmen für den Kurfürsten Friedrich V. verloren ging, Maximilian selbst aber vom Kaiser Ferdinand II. mit der Oberpfalz belehnt wurde und 1623 die Kurwürde erhielt. Sein ausgezeichneter Feldherr Tilly siegte wohl noch in vielen Schlachten, ward aber bei **Rain am Lech**, wo er dem Schwedenkönige Gustav Adolf den Uebergang streitig machen wollte, durch eine

---

[1]) Er ist der Begründer der berühmten Hofbibliothek zu München.

feindliche Kugel tödtlich verwundet, und starb nach vierzehn Tagen in der Festung Ingolstadt.

Nach dem Tode Tilly's zeichnete sich der bayerische General Johann von Werth in der Schlacht bei Nördlingen 1634 aus; dann erfochten Werth und Mercy, gleichfalls bayerischer General, bei Tuttlingen 1643 einen Sieg über die Franzosen. Mercy schlug auch den französischen Feldherrn Turenne bei Mergentheim 1645, fiel aber selbst bei Allersheim im Ries, und die Bayern mußten vor den Franzosen zurückweichen. Namenloses Elend war während des dreißigjährigen Krieges über Bayern gekommen. Die Pest, der Krieg, eine Hungersnoth richteten furchtbare Verheerungen an. Als der westphälische Friede dem Kriege ein Ende machte, hatte Maximilian nichts Anderes gewonnen, als die Kurwürde und die Oberpfalz mit Cham[1]. Für die Unterpfalz (Rheinpfalz) ward eine neue, die achte Kurwürde errichtet. In seinem 79. Jahre starb Maximilian in Ingolstadt, in das er kurz vorher zum Besuche gekommen war.

V.

Die bayerischen Kurfürsten nach dem Tode Maximilians I.

1. Ferdinand Maria 1651—1679.
2. Max II. Emanuel 1679—1726.
3. Karl Albrecht (als deutscher Kaiser Karl VII.) 1726—1745.
4. Maximilian III. Joseph, der Gute 1745—1777.
5. Karl Theodor (von Sulzbach) 1778—1799.
6. Maximilian IV. Joseph 1799—1806.

Ferdinand Maria, des großen Kurfürsten Maximilian I. Sohn, ein durchaus friedliebender Fürst, schlug die ihm nach dem Tode Ferdinands III. angebotene deutsche Kaiserkrone aus. Ein Freund der Kirche, ein Vater seines Volkes, war er nur auf dessen Wohl bedacht. Im Jahre 1657 ließ er ein Landrecht veröffentlichen, suchte Handel, Gewerbe und Ackerbau zu heben; Kunst und Wissenschaft fanden bei ihm, sowie bei seiner Gemahlin Adelheid, einer savoyischen Prinzessin, alle mögliche Unterstützung.

[1] Nordöstlich von Regensburg.

Letztere ließ sich auch das Schloß Nymphenburg erbauen. Sein Sohn und Nachfolger

Max II. Emanuel eilte den Oesterreichern in den Türken=kriegen zu Hilfe. So kämpfte er mit dem Polenkönige Johann Sobiesky 1683 vor Wien gegen die Türken, eroberte Ofen, be=siegte die Türken 1687 bei Mohacz, nahm Belgrad 1688, wobei er seinen persönlichen Muth in glänzendster Weise bekundete.

Vom Kaiser Leopold I., seinem Schwiegervater, zum Statt=halter der spanischen Niederlande eingesetzt, regierte er eine längere Zeit von Brüssel aus sein Bayernland. Bald aber kam über ihn und sein Land ein großes Unglück. Der letzte Habsburger auf dem spanischen Throne, Karl II., hatte nämlich Maximilians siebenjährigen Sohn Joseph zu seinem Nachfolger ernannt; Jo=seph starb aber nicht lange darauf. Karl II. vermachte darauf die spanische Krone dem Herzoge Philipp von Anjou, dem Enkel des französischen Königs Ludwig XIV. Oesterreich machte aber auch auf Spaniens Besitz Ansprüche und so entstand der spanische Erbfolgekrieg, dessen nähere Beschreibung in der Geschichte Deutschlands zu finden ist [1]). Max Emanuel, welcher in diesem Kriege auf Seite Frankreichs stand, das ihm die Niederlande zu=sicherte, mußte nach der Schlacht bei Höchstädt aus Bayern ent=fliehen, und erst durch den Frieden von Rastadt und Baden 1714 erhielt er sein Land wieder. Max Emanuel war jetzt bestrebt, die dem Lande geschlagenen Wunden zu heilen, that Vieles für Kunst und Wissenschaft, gründete zu München die nach seinem Sohne Karl Albrecht benannte Academia Carolina, und suchte sich dadurch enger Oesterreich anzuschließen, daß er seinen Sohn und Nachfolger Albrecht mit der Tochter des verstorbenen Kaisers Joseph I. vermählte. Max Emanuel starb 1726.

Karl Albrecht konnte 14 Jahre lang für das Beste seines Volkes sorgen. Da starb 1740 der deutsche Kaiser Karl VI., der letzte männliche Sproße aus dem Hause Habsburg, und in der Regierung folgte ihm, gemäß der von ihm errichteten prag=matischen Sanktion seine Tochter Maria Theresia als

---

[1]) Seite 105—107.

Erbin der österreichischen Länder. Karl Albrecht jedoch hatte schon früher gegen die pragmatische Sanction, durch welche die weibliche Linie des Hauses Habsburg, beim Erlöschen der männlichen, die Regierung Oesterreichs übernehmen sollte, Einsprache erhoben, und glaubte jetzt auch, Ansprüche auf Oesterreich machen zu dürfen; so brach der österreichische Erbfolgekrieg aus, in welchem Bayern wiederum Vieles zu leiden hatte.

Der weitere Verlauf des Krieges findet sich oben bei der deutschen Geschichte auseinandergesetzt [1]). Karl Albrecht erlangte auch die deutsche Kaiserkrone, ohne daß sie ihm einen besondern Vortheil gebracht hätte. Kaiser Karl VII. mußte sogar sein Land verlassen, das er erst 1744 wieder betrat. Er starb vor Kummer zu München 1745, und sein Sohn und Nachfolger, Kurfürst

Maximilian III. Joseph der Gute schloß, des Krieges müde, mit Oesterreich den Frieden zu Füssen am Lech im Erzstifte Augsburg 1745, entsagte darin allen Ansprüchen auf Oesterreich und erkannte den Gemahl der Maria Theresia, Franz I., als deutschen Kaiser an. Vierzig Millionen Schulden lasteten in Folge der Kriegsereignisse auf dem Lande. Mit weiser Sparsamkeit suchte Max dieselben zu tilgen. Für innere Ordnung sorgte er durch ein neues bürgerliches Gesetzbuch, das von seinem Kanzler Kreitmayr 1756 verfaßt wurde, hob den Handel und die Landwirthschaft. Als eine große Hungersnoth 1770 und 1771 in Bayern herrschte, öffnete er seine Kornkammern und suchte das Elend zu lindern, wo und wie er nur konnte, und zeigte sich wahrhaft väterlich gegen seine Unterthanen. Weil er kinderlos war, so erneuerte er mit seinem Vetter Karl Theodor, dem regierenden Kurfürsten von der Pfalz, den Hausvertrag von Pavia, demgemäß das pfälzische Kurhaus nach Maximilians Tode Bayern erben sollte. Max III. starb, beweint von seinen Unterthanen, am 30. Dezember 1777 an den Pocken. Mit ihm erlosch die Linie Ludwigs des Bayern, und die Pfalz und Bayern wurden jetzt nach mehr als 400 Jahren unter dem Scepter des pfälzischen Kurfürsten

---

[1]) Seite 110—112.

Karl Theodor vereinigt. Dieser war bisher Herzog von
Sulzbach, Jülich und Berg, Fürst von Neuburg und Kurfürst von
der Pfalz. Karl Theodor war nicht abgeneigt, einen Theil seiner
bayerischen Lande an Oesterreich abzutreten; dagegen aber erhoben
die Herzoge Karl und Max (der nachmalige bayerische Kurfürst
und König) von Zweibrücken Einsprache und gewannen für sich
den König Friedrich II. von Preußen. Es begann nun der
bayerische Erbfolgekrieg[1]), der durch den Frieden zu
Teschen 1779 beendet wurde. Das Innviertel[2]) ging durch diesen
Frieden für Bayern verloren. Als im Jahre 1799 Karl Theodor
ohne Kinder starb, so folgte ihm in der Regierung Kurfürst

Maximilian IV. Joseph[3]) von der Linie Zweibrücken=
Birkenfeld=Bischweiler, als Herrscher von Bayern und der
Pfalz. Kaum hatte er den Thron bestiegen, so überzogen die Fran=
zosen Bayern mit Krieg. Im Lüneviller Frieden 1801 kam
das linke Rheinufer an Frankreich, dagegen wurde Bayern 1803
durch den Reichsdeputationshauptschluß mit den Gebieten
der Bisthümer Würzburg, Bamberg, Freising, Passau und mehrerer
Reichsstädte entschädigt. Im Preßburger Frieden 1805
erhielt dann der Kurfürst Maximilian gegen Austausch von Würz=
burg Tyrol, die Stadt Augsburg und gegen Abtretung des Her=
zogthums Berg das Fürstenthum Ansbach, und Bayern ward aus
einem Kurfürstenthum ein Königreich. Am 1. Januar 1806
wurde Kurfürst Max als König von Bayern ausgerufen.

---

[1]) Siehe oben Seite 114—115.

[2]) Zwischen dem Inn, der Salzach, der Donau und dem Hausruckwald.

[3]) Maximilians Bruder, Karl, Herzog von Zweibrücken, war bereits
gestorben.

Fünfter Abschnitt.

Kurzer Rückblick auf die übrigen Bestandtheile des heutigen Königreichs Bayern.

I.

Franken.

In den fränkischen Gauen hatten sich mehrere geistliche und weltliche Herrschaften ausgebildet. Die bedeutendsten waren:

1) **Das Fürstbisthum Würzburg.** Vor Allem glänzt in der Geschichte dieses Bisthums der ehrwürdige **Julius Echter von Mespelbrunn**[1]), Bischof von Würzburg und Herzog von Franken 1573—1617. Mit großer Weisheit, Kraft und Entschlossenheit regierte er als geistlicher und weltlicher Fürst in dieser sturmbewegten Zeit. Unsterblichen Ruhm hat er sich erworben durch die Gründung des **Juliushospitals** (1576) und durch die Stiftung der **Universität Würzburg** 1582. Wie früher im Bauernkrieg[2]), so hatte zur Zeit des dreißigjährigen Krieges das Fürstbisthum Würzburg viel zu leiden. Aus Würzburgs Geschichte verdient noch als ausgezeichneter Regent erwähnt zu werden der Fürstbischof **Franz Ludwig von Erthal**[3]) 1779—1795. Sein Nachfolger **Georg Karl von Fechenbach** war der letzte Fürstbischof von Würzburg. Durch den Reichsdeputationshauptschluß 1803 kam das Gebiet des Bisthums Würzburg an Bayern, im Jahre 1805/6 erhielt es der Kurfürst **Ferdinand von Salzburg** als **Großherzogthum**; endlich aber im Jahre 1814 wurde es bleibend mit der Krone Bayerns vereinigt.

2) **Das Fürstbisthum Bamberg.** Das Bisthum, von Kaiser **Heinrich II.** dem Heiligen 1007 gegründet, erlangte nach und nach viele Güter, und zur Zeit des staufischen Kaisers **Friedrich II.** führte der Bischof von Bamberg den Fürstentitel. Im Jahre

---

[1]) Im Spessart, südöstlich von Aschaffenburg.

[2]) Bekanntlich brach sich der Aufstand der Bauern in Franken bei den Dörfern Ingolstadt und Moos südwestlich von Würzburg, dann bei Königshofen an der Tauber (in Baden) und bei Würzburg.

[3]) Bei Hammelburg in Unterfranken.

1648 erhielt Bamberg eine Universität. Großes Unglück brachte über das Fürstenthum der Bauernkrieg, der verheerende Einfall des Markgrafen Albrecht Alcibiades von Bayreuth, sowie der dreißigjährige Krieg.

Zu einem seiner tüchtigsten Regenten zählte das Fürstbisthum Bamberg den Franz Ludwig von Erthal, welcher Bischof von Würzburg und Bamberg war. Im Jahre 1803 fiel das Bamberger Fürstenthum an Bayern.

3) Das Burggrafenthum Nürnberg. In frühern Zeiten waren in Nürnberg Schirmvögte aufgestellt und später waren es Burggrafen. Die Nürnberger Burggrafen erweiterten allmählig ihre Besitzungen, und Burggraf Friedrich V. von Hohenzollern wurde später durch Kaiser Karl IV. zum Fürsten erhoben. Friedrich VI., der Sohn Friedrichs V., war Burggraf von Nürnberg und Fürst von Ansbach und Bayreuth. Vom Kaiser Sigismund ward er 1417 mit der Mark Brandenburg belehnt. Die Burg Nürnberg überließ der nunmehrige Kurfürst Friedrich I. an die Stadt Nürnberg.

4) Die Fürstenthümer Bayreuth und Ansbach. Der Sohn und Nachfolger des Kurfürsten Friedrich I., der tapfere Albrecht Achilles führte beständig Krieg. - Er starb 1486, und seine Söhne theilten sich nach einer von ihrem Vater erlassenen Verordnung in die Länder dergestalt, daß der älteste Sohn die Mark Brandenburg, die beiden jüngern die Fürstenthümer Ansbach und Bayreuth erhielten. Beide Fürstenthümer wurden in der Folgezeit wieder vereint, dann wieder getheilt, bis im Jahre 1791 dieselben an den König von Preußen, als Hohenzollern, fielen. Das Fürstenthum Ansbach kam im Jahre 1806 und das Fürstenthum Bayreuth 1810 an Bayern.

5) Die Reichsstadt Nürnberg gelangte frühzeitig durch den Handel und durch regen Gewerbsfleiß zu großem Ansehen und Wohlstand. Auch brachte sie vorzügliche Männer hervor, die sich in Kunst und Wissenschaft auszeichneten[1]). Im Jahre 1806 ward sie mit Bayern vereinigt.

---

[1]) Wie die Fürstenthümer Bayreuth und Ansbach (seit 1743) eine Universität zu Erlangen hatten, so besaß auch Nürnberg eine Hochschule zu Altorf an der Schwarzach (südöstlich von Nürnberg).

II.

Schwaben.

In Schwaben waren nach dem Erlöschen der Staufer eine Menge kleinerer Herrschaften entstanden; unter diesen sind zu nennen:

1) **Das Fürstbisthum Augsburg.** Das Bisthum Augsburg, das bis in das sechste Jahrhundert hinauf reicht, erhielt die Fürsten= würde durch Kaiser Heinrich den Heiligen. Im Jahre 1803 wurde es mit Bayern vereint.

2) **Die Stadt Augsburg,** 1276 zur Reichsstadt erhoben, blühte durch den Handel und durch den Betrieb vieler Geschäfte rasch empor. In ihr fand der bekannte Reichstag 1530 statt, und von ihr hat der Augsburger Religionsfriede 1555 seinen Namen. Weit und breit waren die Augsburger reichen Familien der Fugger und Welfer berühmt. Durch den Preß= burger Frieden 1805 fiel Augsburg an die Krone Bayerns.

3) **Das Stift Kempten** war eine gefürstete Abtei, die **Stadt Kempten** eine Reichsstadt. Beide wurden 1805 Bayern einverleibt.

III.

Die Bisthümer Passau und Eichstädt kamen in politischer Hinsicht nie zu großer Bedeutung. Passau ward 1803, Eichstädt 1806 mit Bayern vereinigt.

Das Bisthum Speyer, dessen schon früher Erwähnung ge= schah, sowie ein Theil der frühern Rheinpfalz auf dem linken Rheinufer[1] kam im Jahre 1816 an das Königreich Bayern.

---

[1] Das Pfälzer Land auf dem rechten Ufer des Rheins fiel an das Großherzogthum Baden.

Sechster Abschnitt.

Die bayerischen Könige.

1. Maximilian I. 1806—1825.
2. Ludwig I. 1825—1848.
3. Maximilian II. 1848—1864.
4. Ludwig II. Antritt seiner Regierung den 10. März 1864.

Max I. **Joseph,** ein König voll wahrer Herzensgüte und Liebe gegen alle seine Unterthanen, übte eine äußerst segensreiche Herrschaft über sein Land aus. Er suchte die Wunden, die der große Völkerkampf auch seinem Bayernlande geschlagen, zu heilen, und auf jede Weise die Segnungen des Friedens seinem Volke angedeihen zu lassen. Daher trug er vor Allem Sorge für eine geordnete, gleichmäßige Rechtspflege im ganzen Lande, beförderte Künste und Wissenschaften, Handel und Industrie, gab dem Volksschulwesen einen neuen Aufschwung und suchte überall, wo es nothwendig war, wie z. B. bei der Hungersnoth in den Jahren 1816 und 1817, helfend und schirmend einzugreifen. In Bezug auf die Regelung der kirchlichen Verhältnisse schloß Max I. mit dem Papste Pius VII. ein Concordat 1817 ab; im folgenden Jahre verlieh er großmüthig seinen Bayern eine Staatsverfassung oder Constitution, durch welche er ihnen die großen Rechte einräumte, an der Gesetzgebung und an der Besteuerung des Landes Theil zu nehmen.

Im Jahre 1825 feierte der gute König sein fünfundzwanzigjähriges Regierungsjubiläum und das ganze Volk wünschte bei diesem Anlaß, noch recht lange einen solchen Oberherrn zu besitzen; doch anders beschloß es die Vorsehung. Im Oktober 1825 entschlief Maximilian I. Ihm folgte sein durch herrliche Geistesgaben ausgezeichneter Sohn

Ludwig I. Kaum hatte er den Thron bestiegen, so schränkte er die Ausgaben des Staates, wie des Hofes ein, verlegte die Universität Landshut, die früher in Ingolstadt war, nach München und machte durch seine Freigebigkeit die Hauptstadt des Reiches zum Sammelplatz der größten Gelehrten und Künstler. Insbesondere der Kunst brachte er die größten Opfer und ließ wahrhaft königliche Prachtbauten aufführen. Um das religiös-sittliche Leben zu wecken und zu fördern, ließ er Kirchen erbauen und gründete Klöster. Dem gelehrten, wie dem Volksschulwesen wendete er seine Sorgfalt zu. Auch den Orden der barmherzigen Schwestern zur Pflege der Kranken berief er nach Bayern und war ein unermüdlicher Wohlthäter gegen Hilfsbedürftige jeder Art. Der deutsche Zollverein hatte ihm vorzüglich sein Entstehen zu verdanken, und was Kaiser Karl der Große nicht vermochte, das vollbrachte Ludwig I. — er schuf den Donau-Mainkanal, der den Rhein mit der Donau, und somit die Nordsee mit dem schwarzen Meere verbindet. Da brach die französische Revolution im Jahre 1848 aus, die auch nicht spurlos an Bayern vorüber ging. Ludwig I. trat in diesem Jahre vom Throne ab und zog sich in das Privatleben zurück, wo er nur den Werken der Wohlthätigkeit, der Kunst und der Wissenschaft lebt. Vermählt war er mit der edlen **Theresia**, geb. Prinzessin von Sachsen-Hildburghausen, welche ihm durch den Tod im Jahre 1854 entrissen wurde.

Auf Ludwig I. folgte sein edler Sohn

Maximilian II. In sturmbewegter Zeit ergriff Max II. die Zügel der Regierung, doch mit Weisheit und Gerechtigkeit wußte der neue König auch die schwersten Hindernisse zu besiegen. Seine Herzensgüte, Liebe, sein wohlwollendes, herablassendes Wesen, seine gewissenhafte Treue in Erfüllung seiner Regentenpflichten erwarben ihm die Herzen nicht blos seiner Bayern, sondern ganz Deutschlands, und selbst noch jenseits der deutschen Grenzen wird sein Name gefeiert.

Zur Handhabung einer schnellen und gewissenhaften Rechtspflege führte er die Geschwornengerichte ein, trennte die Verwaltungsbehörden von den richterlichen Behörden, ließ ein neues, der Zeit entsprechendes Gesetzbuch veröffentlichen, hielt immer den Staatshaushalt in der größten Ordnung; dabei schenkte er dem Gedeihen der Landwirthschaft, dem Handel und Gewerbe seine vollste Aufmerksamkeit. Das Land wird jetzt nach allen Seiten von Eisenbahnen durchzogen und diese dienen wiederum zur Hebung geistiger und materieller Interessen.

Wissenschaft und Kunst fanden an diesem Monarchen den hochherzigsten Gönner, und große Summen wurden jährlich für diese Zwecke gespendet. Er gründete das Maximilianeum zu München, in welches talentvolle Jünglinge aufgenommen und für den höhern Staatsdienst vorbereitet werden. Reisestipendien verlieh er jungen Gelehrten zu deren weiteren Ausbildung. Aber nicht minder lag ihm auch das Wohl des größeren Vaterlandes, das Wohl ganz Deutschlands, am Herzen. Das hat er vielfach bewiesen, besonders zuletzt auf der Fürstenversammlung zu Frankfurt im August des Jahres 1863, und in seiner Sorge um das Schicksal der nordalbingischen Herzogthümer Schleswig und Holstein. Während er so rastlos wirkte und nur die Wohlfahrt seines Bayernlandes und Deutschlands im Auge hatte — denn „Für Gott und mein Volk" war sein edler Spruch —, wurde er unerwartet schnell, nach kaum eintägiger Krankheit, in das Jenseits abberufen. Treu seiner Christenpflicht empfing er die heiligen Sterbsakramente, und gottergeben erwartete er den Augenblick seiner Auflösung. Seine letzten Worte waren: „Unser Herr Gott wird es schon recht machen mit mir, ich habe immer das Beste gewollt." Am 10. März um die Mittagsstunde entschlief er sanft und ruhig. Ganz Bayern ward von der herben Trauerkunde tief erschüttert und das treue Volk weinte um den Hingang des edlen Königs, der in Wahrheit ein Friedensfürst und Vater des Vaterlandes genannt zu werden verdient. An demselben Tage 10. März des Jahres 1864 bestieg Maximilians erhabener Sohn

Ludwig II. den königlichen Thron seiner Väter, und nach den Regentenhandlungen, welche der gegenwärtige Monarch bereits vorgenommen, darf man mit Recht schließen, daß er in die Fußstapfen seines erlauchten Vaters eingetreten sei und das Werk, das jener zur Wohlfahrt seines Volkes begonnen, der Vollendung entgegenführe.

Gott schütze König und Vaterland!